GÜTERSLOHER
VERLAGSHAUS

Für Tina
meine Verwaltung,
mein Korinthenkacker,
mein Engel!

Rainer Dabrowski

verknackt
vergittert
vergessen

Ein
Gefängnispfarrer
erzählt

Gütersloher Verlagshaus

Inhalt

Die hilflosen Helfer
Was uns nicht umhaut ...

»Kommt alle her zu mir, die ihr mühselig und beladen seid ...«
Ein kleiner Leitfaden für angehende Inhaftierte

Epilog
Was nützt das alles oder: Vom Sinn und Unsinn des Wegsperrens

Literaturempfehlungen

Vorwort

Liebe Leserinnen und Leser,

mein Name ist Rainer Dabrowski. Ich bin verheiratet und habe drei erwachsene Kinder. Ich selbst bin 60 Jahre alt, und alles andere an mir ist außergewöhnlich.

Zum einen lebe ich mit meiner Frau seit 44 Jahren zusammen, zum anderen arbeitete ich 23 Jahre lang an einem Ort, den andere mit Freuden gemieden hätten. Ich war Pfarrer in Deutschlands größter Justizvollzugsanstalt, der JVA Tegel in Berlin.

Zurückblickend auf diese Jahre, fühle ich mich nun reif genug, um zu verstehen, was ich dort tat und warum dies ausgerechnet an jenem für viele »furchtbaren Ort« geschehen musste.

Auf die Fragen, die ich mir und anderen während meines Dienstes stellte, erhielt ich zumindest ein paar Antworten, und in diesem Buch werde ich versuchen, Ihnen einen kleinen Einblick in meine so unübliche Arbeit zu gewähren. Ich werde Sie hinter die Kulissen schauen lassen, mit dem Ziel zu verstehen, was »Seelsorge in einem Gefängnis« – hier in einem geschlossenen Männervollzug – bedeutet.

Das Buch ist all denen gewidmet, die nach dem Lesen dieser Seiten motiviert sind, einen großen Bogen um solche »Resozialisierungs-Kindergärten« zu schlagen.

Ich hoffe, dass Sie meine Kirche in Tegel niemals kennenlernen müssen.

Alle vorgestellten Protagonisten werden versuchen, sich wiederzuerkennen. Umsonst. Sie werden es nicht. Sie können es auch gar nicht. Jedes Mosaikbild kann man auseinandernehmen und völlig neu zusammensetzen, ohne die Farbe der einzelnen Steinchen verändern zu müssen.

Im Klartext: Größe, Aussehen und Geruch wurden verändert. Die Geschichten schrieb das Leben. Das heißt, sie könnten sich überall auf dieser Welt genau so zugetragen haben. Tun sie auch!

Prolog

Ich lag zitternd in der Notaufnahme eines kleinen Mecklenburger Krankenhauses und wartete voller Panik auf meinen Befund. Rechts von mir hielt eine Schwester tröstend meine Hand, links von mir tat meine Frau das Gleiche. Heute war mein letzter Arbeitstag oder, wie man so will, mein erster Urlaubstag. Es sollte auch mein letzter Tag im Knast sein, nur wusste ich zu diesem Zeitpunkt davon noch nichts.

Morgens noch erschien ich zur Verhandlung eines Gefangenen im Amtsgericht. Es ging um seine Rückführung vom geschlossenen in den offenen Vollzug. Für ihn eine wichtige Angelegenheit, zumal er dort wieder arbeiten und sich um seine kranke Mutter kümmern konnte.

»Pfarrer, Sie müssen unbedingt, unbedingt dabei sein, sonst habe ich überhaupt keine Chance. Die Richter kennen Sie ja. Die werden auf Sie hören.«

Gut, dachte ich, wird zwar alles ein wenig knapp, aber was soll es.

Der junge Richter, der ebenfalls sehr unter Zeitdruck zu stehen schien, hörte mich zwar an und entschied, nach freundlichen Worten des Dankes in meine Richtung, trotzdem dagegen.

Zurück zu Hause, schnell die Koffer ins Auto gepackt und ab in den Urlaub. Zum Auspacken der Koffer kam ich dann schon nicht mehr, dafür lag ich nun hier und dachte über mein bisheriges Leben nach.

Monate später, relativ gesund, ohne die Anstalt jemals wieder betreten zu haben, ohne Abschied von Kolleginnen und Kollegen, ohne ein letztes Adieu von meinen Schützlingen aus über 23 Jahren Knastarbeit, wurde ich in den Ruhestand versetzt. Meine Therapeutin:»Lassen Sie sich dort nie wieder blicken, sonst kann ich für nichts garantieren.«

Also nahm ich stummen Abschied von einer Arbeit und von Menschen, die ich geliebt hatte. Von meinem Büro, das ich nicht einmal mehr ausräumen konnte, von den geliebten Gitterstäben vor meinen Fenstern und den schwarzen Aktenrücken voller Dienstanweisungen. Abschied von den mir vertrauten Bastelarbeiten der Gefangenen, die immer – wie Wunder – plötzlich auf meinem Schreibtisch standen, und von meiner geliebten Kaffeemaschine (mindestens die zehnte). Dies alles hinterließ eine Lücke in mir, die ich nicht mehr schließen konnte.

Die Ärztin betrat mit meinem Befund in der rechten Hand die Notaufnahme.

»23 Jahre haben Sie im Gefängnis gearbeitet? Da hätten Sie eigentlich so stabil wie eine Eiche sein müssen ...«

Das ist der Beginn meiner Geschichte.

Sie fragen sich, wie alles begann? Als ich mich vor 23 Jahren in der JVA Tegel bewarb, fragte mich ein Kollege:»Wo wohnst du denn?«

Naiv, wie ich war, bezog ich diese Frage auf meinen Anfahrtsweg, von ganz im Süden, bis hin in den Berliner Norden, nach Tegel.»Ist in einer Dreiviertelstunde zu schaffen«, antwortete ich.»Wir wohnen ganz im Süden.«

»Na, dann ist das Ganze hier ja nichts für dich«, antwortete der Kollege zu meiner Verwunderung. »Hast ja dann nicht den Stallgeruch des Wedding.«

Was er damit meinte, wurde mir erst später klar. Für ihn waren die südlichen Berliner Bezirke so etwas wie die feineren Gegenden dieser Stadt. Wer dort wohnte, kannte keine sozialen Brennpunkte oder hielt Kontakt mit der Klientel, die einmal meine mir Anvertrauten werden sollten.

Recht hatte er. Aber dies erwuchs für mich zu keinem Hinderungsgrund, erst recht nicht für meine Geschichte.

Ich wurde im November 1953 in Ostberlin geboren. Diese Zeit gehörte nicht mehr unmittelbar zur Nachkriegszeit, aber ich erinnere mich noch gut an die vielen Ruinen, die es hier und da noch gab. Wir Kinder besaßen zu ihnen keine innere Verbindung. Über den Krieg redete man kaum, zumindest nicht in unserer Gegenwart. Das Trauma saß wohl noch zu tief.

Die weitaus größere Bedeutung meines biografischen Eingangssatzes liegt jedoch im zweiten Satzteil: Ostberlin. Ja, das konnten wir Kinder gut auseinanderhalten. Bis 1961 passierten wir regelmäßig die Sektorengrenze. Dahinter, im Westteil der Stadt, lag das Kinderparadies in Form der großen Warenhäuser mit dem vielen bunten Spielzeug.

Zu Hause besaßen wir zwei Blechbüchsen. Die eine enthielt das Ostgeld, und in der anderen klimperte das wertvollere Westgeld. So begann für uns die Einübung in die soziale Marktwirtschaft.

Als wenig später die Mauer gebaut wurde, ereilte unsereins das Pech, durch Zufall im falschen Sektor zu wohnen.

Plötzlich schwammen alle mit, auf einer uns recht diffus erscheinenden DDR-Begeisterungswelle. Abends vor der »Tagesschau« brach diese Welle, und im allabendlichen Fernsehprogramm schienen wir mit allen Deutschen wiedervereint.

Diese schizophrene Lebensphilosophie durchschauten wir Kinder recht schnell. Zwei kindlich naive Gründe machten wir dafür aus. Erstens, es gab niemanden im eigenen Freundeskreis, der sich das DDR-Fernsehen jemals anschaute. Und zweitens mangelte es uns an Vorbildern. Wir wurden groß mit der Erkenntnis, dass die uns nahestehenden Erwachsenen diesen recht nationalen Sozialismus auf das Heftigste bespöttelten. Die DDR erschien in ihren Augen als das Land der Improvisationen, das Original lag im Westen. Natürlich durften wir davon nichts mitbekommen. Aber es gibt keine bessere Möglichkeit, Kinder neugierig zu machen, als dass man »furchtbare Geheimnisse« vor ihnen hütet. Zu der Entschuldigung der Erwachsenen sei angemerkt, dass viele unserer Altvorderen auch gewissermaßen durch die Geschichte erschlagen wurden. Etliche kannten noch den Kaiser, Adolf sowieso, und nun kamen Walter Ulbricht und später Helmut Kohl hinzu. Da bekam man schon mal ein Problem, jeweils die richtige Fahne aus dem Fenster zu hängen oder dem richtigen Denkmal zu huldigen.

Auch ich schwamm mit. Junge Pioniere, FDJ, das ganze Programm. Unreflektiert, uninteressiert, uninspiriert ...

Politisch muss ich in gewisser Weise frühreif gewesen sein. Mit 12 Jahren begann ich, mich innerlich immer mehr diesem System zu entziehen bzw. mich herauszuziehen. Das geschah dort, wo es mir möglich war: in der Schule.

Wie sehr nervten und langweilten mich die herrschende

Pädagogik und ihre Lerninhalte. Ich entwickelte mich zur schulischen Undercover-Leseratte. Das heißt, ich las alles, was mir als zugängliche Alternative in die Finger kam. Bis zum 13. Lebensjahr hatte ich alle wichtigen Bücher von F. M. Dostojewski gelesen, wohlgemerkt alle während der regulären Schulzeit und heimlich unter der Bank.

Trotzdem schaffte ich die Prüfungen und Abschlüsse – irgendwie.

Ich erlernte einen handwerklichen Beruf, qualifizierte mich zum Meister und kam zur Armee. Plötzlich begann sich der Kreis, der eigentlich schon geschlossen wurde – man hatte sich ja in irgendeine Nische verdrückt, um in Ruhe »überleben« zu können –, wieder zu öffnen.

Ich kam als Soldat an die Grenze zur Bundesrepublik und erhielt den klaren Befehl:»Grenzverletzer sind aufzuspüren und zu vernichten!«

Konnte ich das mit meinem Gewissen und der inneren Distanz zu diesem Staat noch verantworten? Für eine Sache, die ich seit Langem nicht mehr vertrat, zum Mörder werden?

Ja, ich konnte es – einfach aus Angst. Aus der Angst heraus, etwas zu wagen, was unumkehrbar in Richtung Inhaftierung und Verurteilung geführt hätte.

Von den Haftbedingungen in einem Armeegefängnis grassierten die schlimmsten Geschichten. Dennoch war diese Angst nicht zu entschuldigen. Ich habe sie mir immer wieder vorgeworfen, weil ich wusste, wohin solch Kadavergehorsam führen kann. Später zog ich daraus meine Konsequenzen. Nur musste ich dafür noch um einiges nachreifen.

Nach den anderthalb Jahren Grenzdienst irrte ich eine Weile in der DDR umher, ohne wieder richtigen Anschluss zu ihr zu finden. Ich wollte mit jungen Menschen arbeiten und begann in meiner alten Berufsschule als Lehrmeister. Doch auch hier holte mich alsbald die realsozialistische Wirklichkeit wieder ein.

Das Gesetz zum Wehrkundeunterricht wurde eingeführt, und ich fuhr mit meinen Halbwüchsigen auf einen Schießplatz, um das Schießen mit der Kalaschnikow, dem AK 47, zu üben. Ich bereitete also noch halbe Kinder auf ihren späteren Dienst an der Grenze vor. »Grenzverletzer sind aufzuspüren und zu vernichten.«

Morgens konnte ich nicht mehr in den Spiegel schauen. Da bist du also erwachsen, dachte ich, und neigst immer noch aus dumpfer Furcht zum Opportunismus und zu faulen Kompromissen. So konnte es nicht weitergehen!

Während meiner Armeezeit kam ich zum Glauben. Zwar kann ich nicht mit so spektakulären Bekehrungserlebnissen aufwarten wie der Apostel Paulus oder der spätere Reformator Martin Luther, dennoch hat der Kontakt zu jungen Christen, die zu meinen Kameraden zählten, etwas in mir umgekrempelt. Und dies geschah nachhaltig. Wir besaßen die feste Meinung, dass es zu unserer Pflicht gehört, als Christen sofort und unter Mitnahme der Waffen zu desertieren.

Über meine Angst diesbezüglich sprach ich bereits. Sollte das jetzt aber auf ewig so weitergehen? Sollte mein Glaube nur ein billiges Lippenbekenntnis ohne innere Konsequenzen bleiben? Würde ich mein Christsein nur sonntags für eine knappe Stunde in der Kirche leben können?

So beschloss ich, Theologie zu studieren.

Spätestens an dieser Stelle gehört der wohl wichtigste Einschub meines Lebens dazu: Wir beschlossen …

Ich lernte meine Freundin und spätere Frau 1970 in der Schule kennen. Wir leben mittlerweile 44 Jahre unzertrennlich und sehr glücklich zusammen. Der größte Teil der Energie, die aufgebracht werden musste, unser gemeinsames Leben ins richtige Gleis münden zu lassen, stammt von ihr. Sie war, was die praktischen Lebensvollzüge anbelangte, immer die Stärkere. Wir beschlossen, zu heiraten und eine Familie zu gründen. In einem kleinen Dorf am Rande des Scharmützelsees, dem Märkischen Meer, wie Fontane es beschrieb, versuchten wir es als Pfarrer nebst Pfarrfrau.

Aber auch bei diesem halbwegs vernünftigen Kompromiss stellten wir alsbald fest, dass wir die Rechnung wieder ohne den »DDR-Wirt« gemacht hatten. In Diktaturen gibt es eben keine Nischen, zumindest keine wirklichen.

Zum Luftholen musste man sich herauswagen, sonst lief man Gefahr, im eigenen Mief zu ersticken. Der DDR-Schriftsteller Ulrich Plenzdorf schrieb in dieser Zeit: *Die DDR ist das langweiligste Land der Welt.* Ich füge hinzu: weil niemand zum Lüften kam, um frischen Wind ins Land zu lassen. Alle Türen und Fenster waren fest verschlossen.

Wir wollten für uns das Fenster wenigstens einen kleinen Spalt öffnen. Das hieß, dass ein lockerer Kontakt zu Oppositionellen – in unserem Fall war es der Schriftsteller Stefan Heym – dazu führte, dass die Staatssicherheit mich zum »Operativen Vorgang« *Dichter* erklärte.

Die Staatssicherheit legte eine Akte über uns an und setzte uns eine Handvoll IMs (informelle Mitarbeiter des Ministeriums für Staatssicherheit) in den Nacken. Sie sollten »Verdachtshinweise« auf strafbare Handlungen erkunden. Unsere Personalausweise sollten gegen Ersatzausweise eingetauscht werden, und im Krisenfall sah man vor, uns in ein Internierungslager zu stecken.

Zum Glück erfuhren wir erst Jahre später beim Einsehen unserer Stasiakte davon. Was wir allerdings erlebten, waren unzählige Vorladungen und Verhöre bei der Abteilung Inneres und Warnungen von Dorfbewohnern meiner Gemeinde. Sie berichteten anonym darüber, dass die Staatssicherheit im Dorf Erkundigungen über uns einzog.

Ich mache es kurz. Als man uns während dieser Verhöre drohte, uns unsere Kinder wegzunehmen (3, 5 und 6 Jahre), kehrten wir dem sozialistischen Regime endgültig den Rücken. Wir stellten noch vor Ort einen Antrag auf Entlassung aus der DDR-Staatsbürgerschaft, füllten unsere Reiseanträge aus und fuhren im Februar 1985 nach Westberlin.

Wir ließen Dutzende Menschen, Freunde, Gemeindeglieder, Familienangehörige im wahrsten Sinne des Wortes dumm im Regen stehen. Wir verschwanden plötzlich spurlos. So sollte also der DDR-typische Galgenhumor doch noch seine Berechtigung erhalten: DDR = »Der Dumme Rest«.

Retrospektiv betrachtet, kann ich feststellen, dass dies unsere beste Lebensentscheidung war, die wir in jungen Jahren getroffen hatten. Nicht etwa, dass wir ins Schlaraffenland fielen. Wahrlich nicht. Als »desertierter Ostpfarrer« bekam ich in Westberlin keine Anstellung bei der Kirche. Das war wohl wieder so ein fauler Kompromiss zwischen angepasster DDR-Kirche und der Staatssicherheit, den die Kirche im Westen geduldig mittrug. Niemals hat mir jemand auch nur den Hauch eines Arguments mitgeteilt, warum ich für alle Zeit auf meine Ordinationsurkunde als Pfarrer verzichten sollte.

Unser erster Gang war also der zum Sozialamt. Wir bezogen über lange Zeit mit drei Kindern Sozialhilfe, mussten sparen und knapsen an allen Ecken und Enden, und doch bereuten wir diesen Schritt nie.

Ich bekam eine Anstellung als Gemeindegehilfe in Schöneberg, und meine Frau begann, ihr Betriebswirtschaftsstudium zu wiederholen, weil ihr Ostabschluss nicht anerkannt wurde. Wir freuten uns über Kleinigkeiten, wie über das Lesen des »Spiegel« oder der »Frankfurter Rundschau«. Ab und an verwirklichten wir unseren Jugendtraum und holten in den Alpen frische Luft. So lebten wir glücklich und zufrieden, bis die sogenannte Wende kam.

Für sich genommen war dies kein schlechtes Datum, bis wir die Gelegenheit erhielten, unsere Stasiakte – als einer der Ersten – einzusehen.

Ab dieser Minute blieb nichts mehr so, wie es war. Zu unserem Entsetzen lasen wir, was sich im Hintergrund unserer DDR-Wirklichkeit über unseren Köpfen zusammengebraut hatte. Nie hätten wir es für möglich gehalten, was sich uns da offenbarte. Ein halbes Dutzend Kollegen und Freunde hatte man als IMs auf uns angesetzt. Meine damalige Tätigkeit als Pfarrer schützte uns nur partiell. Einer der auf uns angesetzten IMs, ein Pfarrerkollege aus dem Nachbardorf, schrieb in einem Bericht für die Staatssicherheit: »... Nach meiner Einschätzung sind alle Pfarrer des Kirchenkreises Beeskow bereit, alle nur erdenklichen Maßnahmen der Partei und der Staatsführung mitzutragen, bis auf Pfarrer ›X‹ und seinen Vikar Dabrowski, die in jedem Fall Schwierigkeiten machen würden.«

Das erste und einzige Kompliment in meiner dicken Stasiakte. Auch an dieser Stelle mache ich es wieder kurz. Alles in allem handelten wir recht pragmatisch. Obwohl uns in den ersten Stunden nach der Einsicht in unsere Akte brachiale Rachegedanken nicht fremd waren. Wir ließen selbige kopieren, und ich ging damit zur damaligen »Noch-Kirchenleitung« Ost. Der zuständige Propst blätterte etwa 10 Minuten darin herum und verkündete unmittelbar danach:

»Lieber Bruder, es gibt von mir als Erstes ein Wort der Entschuldigung der Kirchenleitung (wegen des langjährigen Berufsverbotes) sowie die Zusage, dass Sie sich ab sofort auf jede freie Stelle unserer Kirche bewerben können.«

Beim Gehen schnappte ich mir freudestrahlend das aktuelle kirchliche Amtsblatt mit den entsprechenden Stellenangeboten. Drei Stellen waren ausgeschrieben: eine im Krankenhaus Neukölln, eine in einer Neuköllner Gemeinde und eine Stelle in der JVA Tegel.

Sie wissen, für welche ich mich entschieden habe. Sicher hätte ich auch noch warten können. Warum gerade der Knast? Warum gerade dieser Ort für jemanden aus den sogenannten »besseren Berliner Bezirken«? Warum keine Pfarrstelle in einer normalen Gemeinde? Weil uns die Kinder weggenommen werden sollten? Weil wir mit einem Bein bereits im DDR-Knast standen? Die Antwort kennt wohl einzig und allein der liebe Gott, der mich wie einen alttestamentlichen Propheten »hinter seiner Herde wegnahm«, wie es in der Bibel heißt.

Doch ich sage mir immer noch, dass es meine Entscheidung war. Ich möchte an dieser Stelle nicht vollmundig von »unserer« Entscheidung sprechen, denn meiner Frau war dieser Arbeitsort von Anfang an suspekt. Wie recht hatte sie doch und auch wieder nicht!

Eines muss ich vielleicht noch voranstellen. Jetzt, wo ich diese Zeilen schreibe, befinde ich mich im Ruhestand. Das ist sehr entlastend, muss ich doch auf meinen »himmlischen« Arbeitgeber sowie auf die Justizverwaltung keine Rücksicht mehr nehmen. Auch mit dem Gefängnis kann man mir nicht mehr drohen, schließlich habe ich freiwillig beinahe 23 Jahre darin verbracht. Damit habe ich mir nicht nur einen himmlischen Bonus erworben. Es befreit mich auch von einem allzu engen Denkkorsett. Ich muss nicht mehr versuchen, jedes Wort auf die Goldwaage zu legen. Ich trete niemanden mehr vor das Schienbein, oder wie man im Knast sagen würde: »pinkle niemandem an die Wade«.

Darüber hinaus möchte ich ein weiteres Problemfeld umreißen. Die Sprache. Luther meinte zwar, wir Pfarrer sollen *den Leuten aufs Maul schauen*. Also ihre Sprache, ihre Gedanken verstehen und diese wiedergeben. Doch dazu gehört nicht, dass die Sprache des Knastes, die Sprache der Inhaftierten auch meine Sprache geworden ist. Nein, weil ich eben nie einer von ihnen geworden bin.

Was würde ich mir da mit meinem großen Schlüsselbund, mit dem ich mich quasi jeden Tag selbst befreien konnte, auch anmaßen? Aber ich habe gelernt, ihre Sprache zu verstehen und zu akzeptieren. Ab und an muss ich sie hier im Original wiedergeben, um einiges verständlicher werden zu lassen. Höchstwahrscheinlich besteht aber auch keine Gefahr des Missbrauchs. Kinder werden dieses Werk sicher nicht lesen.

Die Sprache im Knast verfügt über ein eigenes Glossar. Wer weiß schon da draußen, was es heißt, »eine Lampe zu bauen«? Damit ist keine ehrbare Fließbandarbeit gemeint. Sondern dass man jemanden reinlegen will, indem man über ihn ein Gerücht zum eigenen Vorteil verbreitet. Aber der Reihe nach ...

Der Bau

Wo ist der Hauptmann von Köpenick?

1898 wurden die ersten Gebäude der Justizvollzugsanstalt Tegel als Teilanstalten der alten Anstalt, man sagte zu dieser Zeit »Zellenbau«, fertiggestellt. Das zentrale architektonische i-Tüpfelchen war die markante große Kirche im Eingangsbereich. Alle Gebäude stehen auch heute noch. Die Kirche sieht – von außen betrachtet – dermaßen imposant aus, dass kein Mensch auf die Idee kommt, dass sich unter ihr zwei Stockwerke der Verwaltung bzw. Teile des alten Zellenbaus befinden. Wer den Flughafen Tegel anfliegt, landet gewissermaßen direkt hinter der Kirche. Das große Eingangstor mit der LKW-Einfahrt und den zwei sogenannten Pforten (eine für Besucher, eine für das Personal) lässt – von der Architektur her – Assoziationen von schlimmer deutscher Lagerarchitektur aufkommen.

Ich schreibe dies, weil das die ersten Eindrücke sind, die jeder Inhaftierte, jeder Bedienstete und jeder Besucher aufnimmt. Eine weit über 100 Jahre alte Bausubstanz prägt die Bedingungen und die Atmosphäre – außen wie innen.

Einer der ersten Inhaftierten in Tegel war der Schuster Gustav Voigt, der später bekannt wurde als der »Hauptmann von Köpenick«. Er würde, soweit er heutzutage nochmals dort einsitzen müsste, sich nach sehr kurzer Zeit gut in den ihm vertrauten alten Gemäuern zurechtfinden.

Das Prozedere für Neueinsteiger wie mich ist immer noch ehrfurchtgebietend. Die Kirche meldet der Senatsverwaltung für Justiz, dass es einen neuen Pfarrer gibt. Selbige lässt den »Neuen« durch den Verfassungsschutz sicherheitsrelevant überprüfen. Man kann ja auch bei der Kirche nie wissen ... Anschließend durchläuft der Neuling eine ziemlich verwirrende Prozedur der Schlüsselübergabe, genannt »Schlüsselverhandlung«.

Dieses Bund, vier große, zirka 25 cm lange Haupt- und Durchgangsschlüssel sowie etliche kleine Zellenschlüssel, sollte fortan mein Begleiter sein. Die Schlüssel lagen mir zunächst so schwer in der Hand, dass ich mir nicht vorstellen konnte, derartige Schwergewichtler jemals händeln zu können. Dass ich sie nach relativ kurzer Zeit nicht mehr bemerken würde, gehört ebenso zur Knastwirklichkeit wie die daraus resultierende Schlüsselneurose meinerseits. Hatte ich die Schlüssel beim Verlassen der Anstalt erst einmal abgegeben, zwang mich nichts mehr auf der Welt, im übrigen Teil des Tages auch nur irgendetwas zu verschließen. Wie meine Frau das ausgehalten hat, unverschlossene Autotüren im Parkhaus, offene Haustüren und Garagen, nicht angeschlossene Fahrräder, ist mir bis heute ein Rätsel.

Pünktlich am nächsten Morgen beim Betreten der Anstalt war ich – wie Wunder – von dieser Neurose geheilt und funktionierte bis zu meinem Ruhestand sicherheitsmäßig völlig beanstandungsfrei. Alle paar Meter schloss ich eine Zwischentür auf und verschloss sie auch wieder. Ich habe die Türen, die ich täglich bediente, nie gezählt. Ich könnte es jetzt nicht einmal mehr schätzen, denn die Schwierigkeiten lagen ganz woanders.

Noch einmal zurück zum ersten Eindruck. Ein jeder Mensch kommt mit einem bestimmten Bild im Kopf zum ersten Mal in den Knast. Dieses Bild speist sich aus den unterschiedlichsten Sekundärquellen. Literatur, Presse, Fernsehen und Film. Relativ objektive Quellen stehen einem kaum zur Verfügung. Wer kennt schon einen waschechten Knacki? Wie ich, praktisch ab der ersten Minute, feststellen musste, zeichneten all diese Quellen ein höchst vorläufiges Bild. Die Wirklichkeit vor Ort hatte damit so gut wie gar nichts gemein.

Allerdings, die drei ersten, noch vor der Jahrhundertwende errichteten Hafthäuser samt der Kirchen oben drauf entsprachen innen wie außen noch voll dem architektonischen Klischee eines »richtigen« Knastes. Später versuchte man immer wieder, die Gebäude an einen moderneren Standard anzupassen. Viel hat das nicht gebracht. Ausschlaggebend für das »Wohlfühlgefühl« der Insassen war und ist einzig und allein die Zellengröße, die nur geringfügig über der einer Hundehütte lag. Man tat gut daran, sukzessive die alten Gebäude stillzulegen und als Ausgleich eine neue Anstalt vor den Toren Berlins zu bauen.

Bleiben wir bei Tegel und den ersten Eindrücken. Natürlich wurde auf diesem riesigen Gelände im Laufe der Jahre viel gebaut. Zwei neue Teilanstalten wuchsen heran, eine eigene sozialtherapeutische Anstalt mit Turnhalle und Sportplatz ging ans Netz, und ein Haus mit Balkonen für Sicherungsverwahrte wurde gebaut. Viele Betriebe und Produktionsstätten wurden eingerichtet.
Tegel ist zwar, was die Versorgung anbelangt, nicht völlig autark, aber es wurde von Anfang an versucht, Arbeitsbetriebe zu schaffen, die die JVA versorgten. Eine eigene Küche, Glaserei und Baubetriebe, Kfz-Werkstätten sowie eine eige-

ne Bäckerei. Diese Liste ließe sich fortführen. Gleichzeitig bot man in fast allen Anstaltsbetrieben entsprechende Ausbildungen an.

Was ich also als Erstes bemerkte, waren relativ leere Hafthäuser, die eine innere Ruhe ausstrahlten, die der Zahl der Belegungen gar nicht entsprach. Immerhin waren für 1.400 Gefangene rund 800 Bedienstete rund um die Uhr im Einsatz. Die Ruhe kam aber deshalb auf, weil ein großer Prozentsatz der Inhaftierten tagsüber in den Betrieben arbeitete.

Mir kam diese Ruhe zuerst gespenstig vor. Man sah und hörte niemanden. Mein erster Rundgang führte durch ein paar Betriebe, in denen ich vorgestellt wurde.

»Aha, der neue Pfarrer.«

Vorstellung bei den Teilanstaltsleitern, den Zentralen der Häuser mit der jeweiligen Schicht von Beamten. Dann ging es in die Beamtenkantine mit eigener Ausbildungsküche und entsprechend höherwertigem Essen als in den Hafthäusern. Zutritt für Gefangene natürlich strikt verboten.

Ich weiß noch, wie ich am ersten Tag dachte, jetzt kennst du ja alle. Sie sind unisono ausgesprochen nett zu mir. Ich kann also damit rechnen, jeden Tag freundlich begrüßt zu werden. Herz, was willst du mehr!

Als ich allerdings am nächsten Tag völlig andere Gefangene auf meinem Rundgang vorfand und gänzlich anderen Beamten begegnete und dies sich in den Folgewochen und Monaten wiederholte, bemerkte ich meine oberflächliche Sichtweise.

Weit über 1.000 Gefangene, von denen täglich eine Handvoll entlassen wurde, wofür auch neue hinzukamen, sowie Beamte, die im Dreischichtsystem tätig waren, verfälschten den Blick.

Noch Jahre später berichteten mir Gefangene aus der Teilanstalt 5, dem Haus der zu langen Haftstrafen Verurteilten, dass zu den Sommerfesten Menschen aus ihren Zellen auf den Freistundenhof kamen, die sie dort noch nie gesehen hatten. Und das bei weniger als 300 Hausbewohnern der Teilanstalt.

Hinter Gittern lief einfach vieles anders als in meiner bisherigen Wirklichkeit. Als ich in den ersten Tagen bei schönem Wetter zu Zeiten des sogenannten »Hofgangs« meine Runden drehte, bemerkte ich verdutzt, wie spärlich die Freistundenhöfe besucht wurden. Viele blieben in ihren Zellen »kleben« und spazierten lieber mit dem Fernsehprogramm durch die Welt, als sich an die frische Luft zu begeben.

Auf der anderen Seite sah ich während der Arbeitszeiten etliche Gefangene mit einer Werkzeugkarre durch die Anstalt ziehen, versehen mit einem sogenannten »Freiläuferausweis«, der es ihnen ermöglichte, sich innerhalb der Anstalt frei bewegen zu können. Geschäftig irrten sie umher, grüßten freundlich und ließen sich von mir durch eine der zahlreichen Tore schließen. Nach wenigen Wochen sah ich darin ein bestimmtes System des Wegduckens und der Unauffindbarkeit. Diese Gefangenen wussten, wann sie zu den Zählzeiten zu erscheinen hatten. Alles andere unterlag dem »Tegeler Trott«.

Nach ein paar Monaten wusste ich auch, wo sich die Gefangenen meiner Bibelgruppe während der Arbeitszeit »versteckt« hielten. Da schlief schon mal einer im Schrank. Da faltete ein anderer seit Stunden hinter Papierstapeln die immer gleichen Formulare. Wiederum andere putzten über Tage

Gruppenräume, nahe einiger Kochtöpfe, aus denen es verführerisch roch. Auch blieben Gefangene auf ihren Zellen, weil irgendeine Arztvisite oder ein Anwalt, der nie kam, sich mal wieder ankündigte. Einige Wenige studierten als Fernstudenten im Gefängnis auch so sinnstiftende Studiengänge wie Jura oder Betriebswirtschaft.

Vielleicht sollte ich dieses Bild nicht allzu sehr überziehen, denkt man doch gemeinhin, jeder Knacki sollte als Bußübung im Steinbruch rund um die Uhr ackern. Aber ich glaube, die gegenteilige Seite gestaltete sich für viele Häftlinge noch qualvoller. Tagelange Langeweile, weil einfach nicht genug Arbeit vorhanden war. Jeder Insasse suchte sich also seine Nische, um die Zeit gut überleben zu können. Ein Bild, das mir künftig auf vielen Ebenen begegnen sollte.

So war ich von Anfang an bei Beamten und Gefangenen ein gern gesehener Gast. Und das schon allein deswegen, weil ich durch meine pure Präsens die Langeweile des »Tegeler Trotts« durchbrach.

»Nehmen Sie mich bitte mit, Pfarrer!«, lautete von Anfang an die Bitte, die mich die nächsten Jahrzehnte begleiten sollte. Mitnehmen zu einem Ort, der zwar mittendrin, aber dennoch auch wieder so fern jeglichen Knastes zu sein schien, dem Pfarramt.

Das Pfarramt

Was tun die »Himmelskomiker« dort eigentlich?

Aufgrund uralter Verträge und Durchführungsbestimmungen, an denen niemand zu rütteln wagt, sichert die Justizverwaltung den beiden großen Kirchen die nötige Zahl an Büros in den JVAs. Sie rüstet diese mit einer Basisausstattung aus. Die Kirchen senden im Gegenzug in jede Anstalt die dafür notwendige Zahl von Seelsorgern. An dieser Stelle muss ich einen kleinen Klageblock einschieben.

Als ich 1990 in der JVA Tegel begann, verfügte allein das evangelische Pfarramt über sechs hauptamtliche Seelsorger unterschiedlichster Qualifikation sowie über eine ehrenamtliche Seelsorgehelferin. Und das für etwa 1.300 Gefangene. Wir besaßen in jedem der Hafthäuser, genannt Teilanstalten, ein kleines Büro und die Gefangenen wie Bediensteten damit vor Ort einen festen Ansprechpartner.

In den letzten Jahren meiner Tätigkeit in Tegel war ich der letzte Seelsorger mit einer vollen Stelle. Hinzu kamen nur noch eine Kollegin mit einer halben Stelle sowie ein Pensionär, der über einen Hilfsverein angestellt wurde (Kirche im Gefängnis) und stundenweise tätig war.

Unsere Kirche bezog über diese Personalpolitik bei Gefangenen wie bei den Justizverwaltungen viel Prügel. Sicher, was man einmal besaß, gibt man nicht gerne her.

Doch Besitzstandswahrung ist das eine, der Blick auf die Realität die andere Seite der Medaille.

Man muss es klar sehen. Heute, wo ein Dorfpfarrer fast ein Dutzend Gemeinden zu versorgen hat, sind derartige

Stellenpläne niemandem mehr zu vermitteln. Es ist also eher eine gesellschaftliche als theologische Frage zu überlegen, wofür wir heutzutage bereit sind, unser Geld zu spenden. Wenn Menschen der Kirche aus den unterschiedlichsten Gründen den Rücken kehren, bleiben kaum noch Mittel, um die uns aufgetragenen sieben Werke der Barmherzigkeit (Mt 25) zu finanzieren. Dies pauschal auf »die Kirche« zu schieben, lenkt nur vom Thema und der eigenen Verantwortung ab. Hier muss der einzelne Christ in die Pflicht genommen werden, seinen Beitrag zu leisten. Aus allem, was etwas kostet, auszutreten, ist zwar die billigste, aber auch unzureichendste aller Lösungen, um gesellschaftliche Probleme angehen zu können.

Ich war also gezwungen, alle paar Jahre die Arbeit in Tegel Stück für Stück zu reformieren. Da es sich hierbei um Menschen handelte, hieß das unterm Strich nichts anderes, als dass für den Einzelnen stets weniger Zeit übrig blieb. Diese Entwicklung zu forcieren, war für mich als der »Letzte« vor Ort sehr bitter.

Rückblickend gesehen, muss ich eingestehen, dass mir diese Vorhaben nur unzureichend gelangen. Wann immer ich es vermeiden konnte, verbarg ich meine Präsenz, um keine neuen und unerfüllbaren Bedürfnisse zu wecken. Ich mied die Freistundenhöfe während der Freistunde fast komplett, um nicht ständig angemahnt zu werden.

»Pfarrer, wann holen Sie mich denn?«

Gespräche mit Vollzugsbeamten kamen kaum noch zustande, es sei denn zu Kriseninterventionen. Ich legte mir (unbewusst?) einen Gesichtsausdruck zu, der Inhaftierten unmissverständlich zu verstehen gab, den sprichst du heute am besten erst gar nicht an.

Eine derartige Sachlage hinterlässt natürlich auf beiden Seiten Verletzungen. Diese »Narben« werde ich nicht mehr los. Ich merke dies in einigen meiner Träume, deren Inhalt einzig und allein aus meinen nicht eingelösten Gesprächsversprechen besteht.

Konkret. Mein kleines Gemeindezentrum lag direkt im Eingangsbereich der JVA. Direkt unter der Kirche. Bestehend aus meinem Büro, einem Nebenraum inklusive Teeküche, den wir als Gruppenraum nutzten, sowie einem sich daran anschließenden Büro für den zweiten Kollegen.

Mein Büro, zumindest größer als eine Zelle, beherbergte einen Schreibtisch und einen antiken Stuhl. Hinter mir thronte ein vergittertes Bürofenster, und jenseits – auf der anderen Seite des Schreibtisches – stand der sogenannte »Büßerstuhl«, der Platz für jeden Besucher. Daneben stand noch ein kleiner Holztisch, den mir Gefangene der Tischlerei bauten. Mit drei Stühlen, als Möglichkeit, Familien zu empfangen. Zwei mannshohe Bücherregale sowie ein Aktenschrank rundeten das Ambiente ab.

Verzaubert wurde das spärliche Interieur durch ein riesengroßes Ölgemälde, das ich beim Aufräumen des Kirchbodens vor etwa 15 Jahren gefunden hatte. Der Legende nach war es etwa 100 Jahre alt. Ein Passionsbild mit Jesus als Träger des Kreuzes und mehreren römischen Soldaten.

Irgendein Gefangener hatte es irgendwo geklaut. Es wurde bei seiner Inhaftierung in der »Hauskammer« gelagert und bei seiner Entlassung nicht mehr ausgehändigt.

Da es »was mit Kirche zu tun hatte«, landete es auch irgendwann dort. Der Landeskonservator verbot mir, den »Schinken« in der unter Denkmalschutz stehenden Kirche aufzuhängen.

»Zu alt!«

Also sicherte ich das unsignierte Meisterwerk und bat zwei Inhaftierte, die als Haushandwerker (mit der Werkzeugkarre) ihre Runden drehten, es mir anzubringen. Ich ließ einen Kaffee und ein paar Kekse dafür springen. Kurze Zeit später gingen sie lautstark ans Werk. Zwei Haken in Knastmauern zu verankern, an einem Ort, wo wenig passiert, zieht schnell Neugierige an. Minuten später eilte unser Direktor, nach dem Rechten sehend, in mein Büro. Er zeigte sich erstaunt und zugleich erfreut über so schöne sakrale Kunst, dass er umgehend von meinem Telefon aus die Hauselektriker anrief und mir einen Spotstrahler spendierte. Dieser sollte ein blendfreies Licht auf meinen Jesus werfen. Kurze Zeit darauf, ebenfalls vom Krach angelockt, kam ein Beamter, der mir erklärte, er leite eine Bastelgruppe. Dort könnte man den beschädigten Rahmen ausbessern und in der nahen Malerei den Rahmen wieder mit Blattgold belegen lassen.

Ich denke, Jesus war dieser Aufwand ein bisschen zu viel. Mir war es eher peinlich, was ich da für eine Welle losgetreten hatte. Unterm Strich betrachtet, blickten alle aber recht zufrieden drein. Ein jeder verbrachte etwas Zeit im Pfarramt und möbelte seinen tristen Alltag auf. Ich war mir letztendlich dann doch sicher, dass dies Jesus gefallen hätte.

Den Gefangenen sagten unsere Büros schon deshalb zu, weil sie, anders als die stereotypen Beamtenbüros, eine persönlichere Note aufwiesen. Außerdem weckten unsere Räumlichkeiten, das gestehe ich realistischer Weise ein, viele Begehrlichkeiten.

Dort gab es frei verfügbare Telefone und Internetanschlüsse. Ganz zu schweigen von Kaffee, Keksen und Tabak. Wir verfügten über den Luxus der freien Zeit und führten keine Gefangenenakten. Jeder konnte sich zu 100 Prozent auf unsere Schweigepflicht verlassen.

Wir setzten uns bei der Anstaltsleitung für Häftlinge ein und nahmen an den Vollzugsplankonferenzen teil, in denen über den weiteren Haftverlauf entschieden wurde. Wir gehörten zu denjenigen, die Häftlinge bei ihren ersten Ausgängen begleiten konnten, gerade dort, wo oft das Anstaltspersonal fehlte. Wir waren in der Lage, die Freundin, die Mutter oder Ehefrau ins Pfarramt zu holen, wo man sich relativ »unbeaufsichtigt« in die Arme fallen konnte.

Im Pfarramt waren wir nicht nur die an alles Gute im Menschen glaubenden »Himmelskomiker«, sondern auch die mit einem reichen Füllhorn versehenen »Weihnachtsmänner«. Dieser Rolle verdanken wir hauptsächlich unsere Beliebtheit. Erst in zweiter oder dritter Hinsicht folgt unsere theologische oder seelsorgerische Kompetenz.

Sondersprechstunde im Pfarramt
Oder: Die tägliche Dosis »Knastmärchen«

»Pfarrer, bitte ›Sondersprecher‹. Meine Oma ist gestorben.«

Das ist nur eine (bescheidene) Variante von Hunderten, die mir als Bitte unter dieser Überschrift in den Jahren unterkamen. Beginnen wir also mit dem wohl heikelsten Thema unserer Tätigkeit. Aus meiner Sicht kamen dafür immer nur die »Sondersprecher« infrage. Dies sind Sprechstunden oder Zusammenkünfte mit Angehörigen außerhalb der offiziellen Regelungen des Sprechzentrums, was die Zeit und den Ort anging. Der durchschnittliche Gefangene kam auf zwei Regelsprechstunden pro Monat sowie zur Aufrechterhaltung sozialer Bindungen auf zwei zusätzliche Sondersprechstunden von jeweils etwa 45 Minuten.

Wir Pfarrer durften aus ebendiesen und aus seelsorgerischen Gründen zusätzliche Treffen in unseren Räumen nicht kontingentiert, was die Häufigkeit und die Dauer anbelangte, anbieten.

Damit öffneten wir dem Missbrauch bereits Tür und Tor. Wer konnte schon guten Gewissens diesen »Tragödien«, die uns als Begründung für das Gewähren einer solchen Zusammenkunft angetragen wurden, ablehnen. Ein schmerzhafter Lernprozess überkam mich in den ersten Jahren.

Niemand würde im wirklichen Leben daran zweifeln, wenn einem ein Nachbar mit Leidensmiene erklärte, dass es ihm schlecht geht, weil ein naher Angehöriger gerade verstorben war.

Im Knast wurden zu diesem Zweck die brauchbarsten Geschichten kolportiert und zur weiteren Verwendung für ein geringfügiges »Entgelt« in »Tabakwährung« weitergegeben. Selbstverständlich fällt auch dem schlichtesten Seelsorger die scheinbare Duplizität der Tragödien irgendwann auf. Auch bestand die Situationskomik schon darin, dass während der Treffen mit der tröstenden Freundin über eine Stunde lang nie das Stichwort »tote Oma« fiel. Ein Schelm, wer Arges dabei denkt ...

Man beginnt, allmählich misstrauisch zu werden und die Geschichten der Gefangenen zu hinterfragen. In den darauffolgenden Jahren unterbrach ich regelmäßig die Sprechstundenanwärter mit den Worten:

»Da hat man Sie aber reingelegt. Diese Geschichte hatte ich diese Woche bereits zum dritten Mal. Wie viel Päckchen Tabak mussten Sie denn dafür aufbringen?«

Warum war das Pfarramt so ein heiß begehrter Ort, um seine Liebsten zu treffen? Zum einen, weil es sich um so etwas wie ein exterritoriales Gebiet handelte. Weit und breit sah man keinen Beamten. Es herrschte eine ungestörte Atmosphäre. Zum anderen gab es die sich zäh haltenden Gerüchte, dass man da mal mit seiner Freundin könnte ...

Der Pfarrer würde schon wegsehen. Das tat er natürlich nicht, zumindest nicht zu meiner Zeit, obwohl auch ich davon gehört hatte.

Realität war allerdings auch, dass ich gewahr sein musste, dass bei einem auch noch so kurzen Verlassen meines Büros alles Mögliche passieren konnte. Ich wusste bis dato nicht, wie schnell ein Rock hochgezogen werden konnte oder eine Hand in der Bluse verschwand, obwohl ich gewissermaßen danebenstand. Mein Kriterium für derartige Sprechstunden war:

Alles, was ich mir zumuten konnte, war erlaubt. Die Bandbreite nahm aber beharrlich ab.

Aber die stets neuen und scheinbar noch »glaubhafteren« Geschichten stellten mich mehr und mehr vor neue Herausforderungen. Eine Lüge wird auch deswegen umso glaubhafter, je unwahrscheinlicher sie ist.

Da brachten Anstaltsbeamte während des Bürgerkrieges im damaligen Jugoslawien einen jungen Mann zu mir, der kein Wort Deutsch verstand. Der Hausdolmetscher, ebenfalls ein Inhaftierter, sagte mir, dass während des Krieges seine ganze Familie ums Leben gekommen sei, bis auf seine Frau, die seit gestern in Deutschland Asyl fand. »Ob sie nicht mal ihren Mann besuchen könnte?«

Natürlich schlug da das Herz des Seelsorgers höher. Selbstverständlich. Ein Termin wurde umgehend gefunden. Als ich die »vermeintliche Ehefrau« in der Besucherzentrale des Sprechzentrums abholte, stutzte ich nicht einmal über die fehlende Namensgleichheit. Ich wunderte mich auch noch nicht, als mir ein Mädchen begegnete, das gerade volljährig zu sein schien und für meinen Geschmack sehr »luftig« gekleidet war. Natürlich sprach sie ebenfalls kein Wort Deutsch, zumindest bis zu diesem Zeitpunkt nicht.

Ich begleitete sie in mein Büro, ließ sie für eine Minute der Begrüßung im mittleren Gruppenraum allein und wurde erst stutzig, als mit einem lauten Knall die Zwischentür zuflog. Also öffnete ich diese wieder und erklärte radebrechend:

»Die Tür muss aufbleiben.«

Nächster Versuch. Die Tür flog erneut zu. Ich, immer noch im Seelsorgemodus:

»Bitte! Die Tür muss aufbleiben!«

Zu meiner Verblüffung sprach mich die Balkanschönheit plötzlich im akzentfreien Deutsch an.
»Ja, aber wo kann er denn hier mit mir schlafen?«
Ich bin mir ziemlich sicher, dass es kaum einen Gemeindepfarrer gibt, der mit so einer Fragestellung in seiner gutbürgerlichen Berliner Gemeinde konfrontiert wird.
»Wie bitte? So etwas geht hier gar nicht!«
Ich dachte bis zu diesem Zeitpunkt wirklich noch an einen Mann und seine leidtragende Ehefrau.
Als die Tür dann zum dritten Mal zuflog, war es auch mit meiner professionellen Engelsgeduld aus und vorbei. Ich stürzte in den Nebenraum und erstarrte im gleichen Moment zur Salzsäule. Als DDR-FKK-sozialisiert war ich alles andere als prüde und doch ... Die Schönheit saß mit hochgezogenem Kleid auf dem Schoß des Häftlings und schrie bei meinem Erscheinen wie am Spieß. Was mir einfiele, »dabei« zuzusehen!
Haben Sie noch die Bilder vor Augen, als der Ringrichter in Kinshasa Cassius Clay von Joe Frazier während des Boxkampfes trennen musste? So etwa kam ich mir in den nächsten Minuten vor. Kurz und gut. Ich trennte die beiden und schmiss sie raus, was im Knast gar nicht so einfach war. Ich schwor mir, nie wieder zuzulassen, dass ich in solch eine Situation komme. Kein Mensch sollte mir je wieder anstelle einer trauernden Ehefrau eine minderjährige Nutte unterschieben.

So kam es dann auch. Zumindest, was diese Geschichte anging. Doch andere Fallstricke warteten bereits auf den naiven Himmelskomiker, wie ich schmerzlich erfahren sollte.

Wenige Tage später sprach mich auf dem Gang ein etwa 20-jähriger schmaler und sehr blasser Häftling an. Er hinterließ bereits nach wenigen Worten einen depressiven Eindruck. Er bat mich, im Pfarramt seine Mutter sehen zu dürfen, gewürzt mit einer Begründung, die ich kurze Zeit später wieder vergaß. Es handelte sich wohl um so etwas in der Art, dass die Mutter es bei dem Besucherandrang und dem damit verbundenen hohen Geräuschpegel im Sprechzentrum psychisch nicht aushalten würde. Für ihn seien diese Besuche aber »lebenswichtig«.

»Mutter und Sohn«. Da schaltete mein Misstrauen auf grün. Ich Naiver. Noch in der gleichen Woche holte ich die Mutter im Sprechzentrum ab, um den Besuch mit ihrem Sohn in meinen Räumlichkeiten zu ermöglichen.

Es handelte sich tatsächlich um die leibliche Mutter, wie die diensttuende Beamtin mir auf meine bohrende Nachfrage bestätigte. Mir fiel ein Stein vom Herzen. Diesmal hatte mich keiner reingelegt. Mich störte es auch nicht, dass es sich bei der Mutter um eine ausnehmend hübsche Frau mittleren Alters handelte, die auch noch sehr charmant und sicher auftrat.

Ich ließ beide sich also bei geöffneter Zwischentür im mittleren Raum begrüßen, um später dazuzustoßen und das Gespräch mit beiden zu suchen.

Nach etwa zehn Minuten bemerkte ich, dass es im Nebenraum totenstill war. Dazu muss ich anmerken, dass der Anteil an Büroarbeit, zumal ich mich auf keine Hilfskraft stützen konnte, im Knastpfarramt ziemlich hoch war. Jede freie Minute verwendete ich also dafür und vergaß schon mal alles um mich herum.

Also Totenstille. Ich erhob mich, ging in den Nebenraum und sah ein Bild vor Augen, welches ich keinem anderen, der es mir beschrieben hätte, abnehmen würde.

Die junge hübsche Mutter, und ich wiederhole es noch einmal, sie war wirklich seine Mutter. Sie saß mit offener Bluse und offenem BH da. Und friedlich in ihrem Schoß nuckelte der junge Mann an ihrer Brust.

Selbst im Abstand von fast 15 Jahren fällt es mir schwer, darüber zu lachen. Auf solche Situationen wird kein Mensch dieser Welt vorbereitet. Junge Theologen lernen während ihres Studiums mitnichten, auf derartige Situationen einzugehen.

Ich fragte mich in jener Minute nämlich allen Ernstes, wie lange Kinder heutzutage gestillt werden. Die 68er-Bewegung und die mir wohlbekannte antiautoritäre Erziehung haben vieles möglich gemacht. Aber das, was ich gerade mit eigenen Augen vor mir sah, passte einfach nicht ins Bild!

Die Mutter blickte mich lächelnd und milde an. Dann widmete sie sich wieder ihrem Sohn, der sich scheinbar in eine andere Welt »vernuckelt« hatte und mich nicht mehr wahrnahm.

Geschockt verließ ich den Raum. Unfähig loszubrüllen, Alarm auszulösen oder Hilfe durch die diensttuenden Beamten zu holen. Dass ich etwas unternehmen musste, war mir klar. Nur, warum reagierten die beiden nicht nach ihrer »Entdeckung?«

Ich holte zweimal tief Luft, überwand meine Scham und brach die Sprechstunde mit den Worten ab: »Wir müssen jetzt Schluss machen.«

Ich war auf alles andere vorbereitet als auf die nachfolgende Reaktion der beiden. Fröhlich lächelnd verabschiedeten sie sich voneinander. Ich brachte den jungen Mann in seinen Haftraum, wo er sich höflich bei mir bedankte.

Ich wähnte, mich in einem falschen Film aufzuhalten. Auch die junge Mutter zeigte sich äußerst liebenswürdig, als ich sie zum Ausgang der Anstalt begleitete. Was hatte ich erwartet?

Zumindest einen Hauch von Peinlichkeit, eine Entschuldigung oder aggressive Anmache. Nichts dergleichen. Ich blieb spontan stehen und sprach sie direkt an, obwohl mir dafür eigentlich der Mut fehlte.

»Was haben Sie sich nur dabei gedacht?«

Reaktion: ernsthaftes Erstaunen, gepaart mit einem herzerweichenden charmanten Lächeln.

»Na, er hat doch sonst nichts weiter hier«, sprach sie und entschwand in die Freiheit, einen verdutzten Pfarrer ratlos zurücklassend.

Bin ich wieder reingelegt worden? Oder gibt es wirklich so etwas wie handelnde Mutterliebe im erwachsenen Alter außerhalb aller inzestuösen Tendenzen und aller Abartigkeiten. Sollte ich toleranter werden und beide Augen zudrücken oder womöglich härter und unnachgiebiger?

Die alte theologische Fragestellung praktischer Theologie lautet: Was würde Jesus jetzt tun?

Sie half mir an dieser Stelle nicht weiter. Mich jemandem der anderen Fachdienste im Vollzug anzuvertrauen, getraute ich mich nicht. Dies wahrscheinlich aus der begründeten Angst heraus, dass diese Geschichte, wie so viele andere auch, sofort die Runde machen würde. So sammelten sich über viele Jahre Unmengen an seelsorgerlichen Unikaten an, ohne dass ich daraus wahrhaft Lehren hätte ziehen können. Die Reihe ließ sich fortsetzen. Mal weniger, mal mehr als heikel.

Ich höre schon den einen oder andren aufstöhnen:

»Wie kann so etwas im Knast überhaupt passieren?«

Aber es kann. Ich habe mich während meines Studiums intensiv mit dem kirchlichen Widerstand in der Zeit des Nationalsozialismus befasst. Ein völlig andres Thema. Aber auch hier musste ich mich darüber belehren lassen, was mutigen und kreativen Menschen in Deutschlands schlimmsten Lagern so alles möglich war.

Ein Gefangener skizzierte es mir einmal mit dem folgenden Bild:

»Sehe ich, dass irgendwo im Knast eine Tür auch nur einen Spalt weit offen steht, setze ich sofort den Fuß dazwischen. Nur das sichert mein Überleben hier.«

Ein jeder wollte überleben. Und dies natürlich so gut, wie es eben ging.

Ein ähnlich junger Mann berichtete mir von »Problemen« mit seiner Freundin. Er müsste sich – mit meiner Hilfe – mal so richtig aussprechen. Das Ganze dauere wahrscheinlich etwas länger. Ihm sei sehr daran gelegen, seine Beziehung aufrechtzuerhalten, zumal er bald entlassen werden würde. Er wollte dann sofort eine Familie mit seiner Partnerin gründen, um nie wieder auf die »schiefe Bahn« zu kommen.

Meinen Praktikantinnen und Praktikanten stellte ich dann jedes Mal die Frage, die ich eigentlich an Jesus richten sollte:

»Wie würden Sie jetzt entscheiden?«

Natürlich antworteten sie sofort, wie es jeder vernünftige Seelsorger ebenfalls getan hätte:

»Selbstverständlich gewähren wir unter solchem Vorzeichen die Sprechstunde.«

Also kam diesmal wieder eine ausgesprochen nette und sympathische Freundin, die intellektuell allerdings ihrem Partner haushoch überlegen schien. Es stellte sich auch kein richtiger Dialog ein. Quälend und langatmig schleppten sich die dürftigen Gesprächsfetzen dahin. Da ich die beiden, gebranntes Kind scheut Feuer, nicht aus den Augen ließ, empfand ich die Situation als eine psychische Tortur. Konnten Sie schon einmal zwei Menschen beobachten, die sich nichts zu sagen hatten? Minuten erwachsen da zu Stunden. Zum Schluss hielt ich es kaum mehr aus. Ich versuchte verzweifelt, den Entertainer zu spielen. Ohne Erfolg.

Die siehst du hier nie wieder, schwor ich mir. Leider nur zur Hälfte richtig.

Noch am selben Tag rief mich die besagte Freundin an und bat mich um ein Gespräch unter vier Augen.

»Warum?«, war meine Frage.

»Kein Kommentar am Telefon«, ihre Antwort.

»Ja, dann aber nur hier in meinem Büro.«

Bereits am nächsten Tag kam sie, bat noch einmal um absolute Verschwiegenheit und schüttete mir ihr Herz aus.

Sie sei, sagte sie, Prostituierte und hätte keinen festen Wohnsitz. Sie lasse sich bei freier Logis in irgendwelchen, als Wohnungen getarnten Bordellen engagieren. Sie bereise so das ganze Land, sei vor zwei Jahren in Berlin gelandet und seit ganz kurzer Zeit aus dem Geschäft ausgestiegen. Den jungen Inhaftierten kenne sie aus dieser Zeit flüchtig. Er habe ihr geschrieben und sie gebeten, ihn in Tegel zu besuchen. Das Ganze solle im Pfarramt stattfinden. Weil, jetzt stockte mir der Atem, sie Drogen, versteckt in einer Körperöffnung, einbringen solle.

Bereits bei der Begrüßung, als ich noch mit lautstarkem Schließen beschäftigt war, offerierte sie ihrem Bekannten, dass sie nichts davon mithätte und auch in Zukunft nichts mitbringen würde. In dieser Minute verlor der Freund jegliches Interesse an ihr und bescherte uns diese quälende Langeweile.

Sie kam, sagte sie, um sich bei mir zu bedanken, weil ich so nett war, und um mich zu warnen. Sie bat mich, die Augen offen zu halten, wenn er mal wieder mit irgendjemandem, der dafür zugänglicher wäre, um eine Sprechstunde bitten würde. Sie wusste aus ihrer alten Tätigkeit, was Drogen anrichten konnten. Selber hatte sie nie welche genommen. Sie trank nicht einmal Alkohol. Mittlerweile arbeitete sie in einer Künstlerkneipe in Kreuzberg und musste mit sehr viel weniger Geld auskommen. Dennoch sei sie glücklich und würde gerne einen Mann kennenlernen, um mit ihm Kinder zu bekommen.

Auf meine Frage nach einer Berufsausbildung oder Umschulung antwortete sie, dass daraus nichts werden könne. Ihre Eltern hätten nie auf einen regelmäßigen Schulbesuch geachtet, und ihr Stiefvater habe seit ihrem 11. Lebensjahr nur ein Interesse an ihrem Körper gehabt.

Das nannte ich eine aufrichtige Lebensbeichte. Hut ab vor so viel Mut und Courage einer Frau, vor der ich mich, noch Augenblicke zuvor, von Vorurteilen nicht freimachen konnte.

Als sie dann abschließend auf ein auf meinem Schreibtisch liegendes Buch zeigte, kam ich aus dem Staunen nicht mehr heraus. Es waren Dostojewskis »Aufzeichnungen aus einem Totenhaus«. Das Buch lag dort als Vorbereitung auf die abendliche Bibelgruppenstunde.

»Ein wunderbares, aber auch erschütterndes Buch«, sagte sie.

Auf meine Entgegnung, dass sie doch Analphabetin sei, lächelte sie und erklärte, dass sie perfekt lesen könne und dass die Literatur ihr über viele schlimme Lebenssituationen hinweggeholfen hatte.

Über die nächste Stunde hinweg unterhielten wir uns über gemeinsam gelesene Bücher. Zum Schluss erwähnte sie, ich könne auch einen Film über sie, den der damalige SFB gedreht hatte, ansehen. Dieser handele allerdings noch von ihrem früheren Leben.

Ich sagte, dass ich dies nicht wolle, weil ich sehr stolz auf die Frau sei, die jetzt vor mir säße. Sie nahm mich beim Abschied fest in den Arm. Wir haben uns leider nie wieder getroffen. Ich hätte gerne gewusst und gehofft, dass sie mit einem Mann und vielen Kindern irgendwo inmitten Stapel voller Bücher lebt.

An dieser Stelle sei noch kurz die Geschichte von Erik erzählt. Vor etwa einem Jahr kam der Sozialarbeiter, nennen wir ihn einmal Herrn N., zu mir ins Pfarramt. Mit hochrotem Kopf erzählte er mir von einem speziellen Fall, der ihm sehr zu schaffen machte. Er betreute Erik und wusste sich keinen anderen Rat, als mir sein Herz auszuschütten.

Eben jener Gefangene Erik hatte sich ihm anvertraut und gebeichtet, dass er sich für ein wenig Tabak von einem anderen Gefangenen einen hatte »blasen« lassen. In einem Brief an seine Freundin schrieb er ihr beiläufig davon. Die Freundin hingegen war über diese Tatsache dermaßen empört, dass sie vorhatte, die Beziehung abzubrechen.

Der Sozialarbeiter N. vermutete nun, dass Erik sich etwas antun könnte. Deshalb formulierte er die Bitte, ob ich die beiden nicht einmal zu einem Gespräch ins Pfarramt einladen könnte.

Das tat ich dann auch. Bei der Freundin handelte es sich um eine imposante Erscheinung mit barocken Maßen, wogegen Erik fast einen Kopf kleiner und gefühlte 30 Kilogramm leichter war. Schon optisch boten die beiden ein interessantes Bild. Mental war die Freundin dem Erik ebenfalls überlegen. Jedenfalls gab er während des gemeinsamen Gesprächs ein Bild des Jammerns ab. Auf die Bemerkung seiner Freundin, man müsste einfach öfter miteinander reden, schrie es aus ihm förmlich heraus:

»Wer hat mich denn jemals gelehrt, dass man mit Frauen reden soll? Ich dachte bis eben, sie seien nur zum Ficken da.«

Er meinte das weder boshaft noch obszön. Das entsprach einfach seinem Kenntnisstand von 24 Lebensjahren. Ich fragte mich, ob man eine derartige Reifeverzögerung jemals wieder aufholen kann.

Im weiteren Gespräch stellte sich heraus, dass auch sie einen Fehltritt zu verbuchen hatte. Sie war wieder schwanger, zum dritten Mal. Den Vater des Kindes kannte sie nur flüchtig. Dem jungen Inhaftierten machte dies, so seine Worte, überhaupt nichts aus. Hauptsache, sie blieben zusammen. Im Nachgespräch mit der jungen Dame, natürlich unter vier Augen, fragte ich vorsichtig nach künftig eventuell angesagten Verhütungsmethoden. Sie unterbrach mich mit barschen Worten:

»Ich weiß, was Verhütung ist. Schließlich habe ich ja bereits zwei Kinder!«

Diese Art Familienplanung macht mich immer wieder sprachlos. Es fiel und fällt mir bei derartigen Erlebnissen sehr schwer, objektiv zu bleiben. Warum auch, wurde ich doch laufend aufgefordert, zu werten und Stellung zu beziehen. Ständig versuchte man, mich auf die eine oder andere Seite zu ziehen, Menschen zu verurteilen, um Eigenanteile an Schuldverstrickungen zu relativieren.

In diesem Zusammenhang bedeutet die uns Seelsorgern auferlegte Schweigepflicht die schlechteste Erfindung des lieben Gottes. Ich hätte mehr erreichen können. Doch so blieben die Geschichten, die mir die Frauen über ihre Männer berichteten, stumm in meinem Hirn verborgen.

Nicht die Beichte ist hier gefordert, sondern konsequentes Einmischen. Wir schauen in unserer Gesellschaft viel zu schnell weg, aus falsch verstandener Toleranz oder einfach aus einem phlegmatischen Desinteresse heraus. Was kann dabei herauskommen, wenn zwei äußerst fragile Persönlichkeiten Kinder bekommen?

Es gibt Kollegen von mir, die rufen in ihrer Wut über das Gesehene schon mal nach der Zwangskastration. Ich habe sehr oft erleben müssen, dass bei Besuchen von Ehefrauen mit kleinen Kindern diese wie Hunde dressiert worden waren. Sie wurden permanent ruppig angeschnauzt. Ohne ein liebes Wort zu finden oder eine Erklärung abzugeben, drangsalierten und kommandierten die Erwachsenen sie herum. Das Exotischste an diesen »Zille-Milieus« (niederschwellig sozialisierte Menschen) waren noch die Namen, die jene Kinder tragen mussten. Sie taten mir ehrlichen Herzens leid. Überforderte Mütter nebst ihren völlig desinteressierten Ehemännern.

Ich mischte mich jedes Mal vehement ein und forderte sie auf, endlich einmal mit ihren Kindern in der Besuchsstunde zu spielen oder einen anderen Ton anzuschlagen. Mein Appell kam aber oft einem Kampf gegen Windmühlenflügel gleich. Diese Kinder mussten seit ihrer Geburt bemerkt haben, dass sie einfach nur stören. Solche und ähnliche Erfahrungen werden sie später unreflektiert weitergeben. Sie erfuhren und lernten es schließlich nicht anders.

Ich denke, es bräuchte hierüber gar keine großartigen Seminare oder entsprechende Fachliteratur. In einer funktionierenden Familie sind viele Korrelative wie Großeltern, Eltern oder Freunde vorhanden, die das Wissen über die grundlegenden Axiome von Erziehung und Familienleben weiter tradieren und sich auch einmischen könnten. Was wird aber in dem soeben skizzierten Fall passieren, wenn es kein gutes soziales Umfeld gibt oder dieses völlig verstümmelt wurde? Die relativ kurze Zeit der Inhaftierung reicht weder für eine allumfassende Resozialisierung noch für Eheseminare oder Fragen der Kindererziehung aus.

Blauäugig, wie ich war, glaubte ich an die Möglichkeit eines schnelleren »Nachreifens« meiner Gefangenen. Heute stehe ich mit dieser Ansicht vor einem inneren Scherbenhaufen. Ich lass mir an dieser Stelle gern mangelnde Verhältnismäßigkeit oder fehlende Objektivität vorwerfen, wenn es doch nur helfen würde! Ich erinnere an dieser Stelle auch nicht an die vielen »mustergültigen Beziehungen«. Dort klappt es ja von alleine. Nur, Kinder sind unsere Zukunft. Was nützt es, wenn wir uns gegen Abtreibung oder Suizid positionieren, in anderen Fällen aber wegschauen.

Der Strafvollzug sollte diese Fragestellung mehr als bisher in den Blick nehmen. Was nützen die besten Anstalten weit vor den Toren unserer Städte, wenn sie für Frauen mit kleinen Kindern schier unerreichbar sind? Es reicht völlig aus, die Väter zu bestrafen, ihren Kindern sollte man dies ersparen und zusehen, dass die wenigen tragfähigen sozialen Kontakte zu ihnen erhalten bleiben.

Auch wenn wir es nicht wahrhaben wollen, besitzen wir in unserer Gesellschaft so etwas wie ein verstecktes »Kastenwesen«. Die »herrschende Kaste«, das sind wir, die wir uns Bücher wie dieses leisten können. Wir können die Bücher lesen und uns im besten Falle daraus eine Meinung bilden. Wir werfen in unseren Diskussionen darüber mit Schlagworten wie Turboabitur, Schulformen und Klassengrößen um uns. Denken wir dabei aber an die vielen Menschen, die in prekären Verhältnissen aufwachsen? Deren Eltern ist es oft egal, welche Bildungsmöglichkeiten ihr Kind erhält, weil Bildung einfach nie auf ihrer Agenda stand.

Wer die Kluft der »Kasten« nicht mehr im Blick hat, riskiert eine immer stärker werdende Spaltung der Gesellschaft.

Behinderte, Ausländer sowie Inhaftierte besitzen bei uns einfach keine Lobby mehr. Wir institutionalisieren dieses Problem. Das heißt, wir sagen:

»... dafür ist die Justiz oder sind die freien Träger sowie die Kirchen da ...«

Die Gemeindeglieder dieser Stadt sagen:

»... Diese Arbeit ist uns so viel wert, dass wir Pfarrer in die Vollzugsanstalten schicken ...«

Damit ist das Problem für sie gelöst. Ein stärkeres Engagement des Einzelnen ist nicht erforderlich. Ich mache es konkret.

Manfred stand nach sechsjähriger Inhaftierung kurz vor seiner Entlassung. Er hatte Angst davor. Alle Wurzeln in der Freiheit wurden im Laufe der Jahre gekappt. Niemand wartete dort draußen auf ihn. Er schätzte seine Zukunft realistisch ein und erwartete auch nichts anderes. Manfred besuchte oftmals meine Bibelgruppe, kam jeden Sonntag zum Gottesdienst und nahm ehrenamtlich an allen Veranstaltungen des Pfarramtes helfend teil. Wir führten regelmäßige Gespräche, und die Psychologen attestierten ihm eine äußerst geringe Rückfallgefahr. Beim Abschlussgespräch fragte er mich, wo er denn nun »draußen« in Zukunft hingehen könne. Ich nannte ihm die Adressen mehrerer kirchlicher Betreuungseinrichtungen mit Gesprächsangeboten. Er unterbrach mich an dieser Stelle vehement mit den Worten:

»Jetzt schicken Sie mich auch schon dorthin, wo ich die ganzen Idioten von hier wieder treffen werde. Ich möchte aber dorthin, wo Sie abends mit Ihrer Frau und Ihren Freunden zusammenkommen.«

Ich eierte herum. Und er hatte recht. Wer von uns ist schon bereit, einen sozialen Pflegefall in seine Familie zu integrieren?

»... Ja, Sie können mich ja mal anrufen. Wir können uns treffen und zusammen einen Kaffee trinken ...«

Gut. Ich habe teilweise meinen Privatbereich und den meiner Bekannten für Gefangene geöffnet. Mal ist es gut gegangen, mal überhaupt nicht. Es bleibt das Gefühl, dass auch wir sagen:

»Knacki, bleib bei deinesgleichen und stör uns und unsere Kreise nicht.«

Die Himmelskomiker

Wer ist da Bodenpersonal und wie wird es »über den Tisch gezogen«?

Wir mussten in unserer Arbeit vieles sein. Vom Seelsorger bis hin zum Sexualtherapeuten, Weihnachtsmann oder auch der Übervater, der professionell eine Menge wegstecken musste. Wer sind sie also, die von der Kirche da in den Strafvollzug geschickt werden?

Alles in allem weilten durch die Bank gute Kolleginnen und Kollegen an meiner Seite. Eigenwillig, also eher interessant waren die meisten sowieso. Das eigentliche Problem lag ganz woanders.

Das Pfarrerdienstrecht unserer Kirche lässt nur einen äußerst schmalen Korridor zu, wenn es gilt, Pfarrern, die sich einer Verfehlung schuldig gemacht hatten, eine neue berufliche Perspektive zu bieten. Dabei dreht es sich in den meisten Fällen nicht einmal um wirklich kriminelle Handlungen. Oft reicht schon eine Ehescheidung aus, ein öffentlich gewordenes Verhältnis mit einer Mitarbeiterin oder dergleichen mehr, um als Kirche auf die Suche zu gehen, diese »gefallenen« Mitarbeiter irgendwo anders unterzubringen. Schließlich nennt die Kirche eine Fürsorgepflicht ihr Eigen. Da boten sich schon immer die »Spezialseelsorgestellen« außerhalb aller bürgerlichen Gemeinden förmlich an.

Knast sowieso. Jemand hat etwas »verbrochen«, worüber sich außerhalb der Kirche kein Mensch mehr aufregen würde. Also ab in den Vollzug mit ihnen zur ganzheitlichen Läuterung ihrer gefallenen Persönlichkeit.

Man kann sich leicht ausrechnen, dass gerade auf so einem »schweren« Tanzparkett wie der Arbeit im Strafvollzug bei der Personalauswahl eine gehörige Portion an Fingerspitzengefühl notwendig wäre. Trotzdem schubste man so viele Menschen in Arbeitsbereiche, die ihnen bis zu diesem Augenblick innerlich völlig fremd waren.

Kaum einer besaß je eine innere Bereitschaft, eine Affinität zum Strafvollzug herzustellen.

Viele wurden also in eine Löwengrube gestoßen, welche alle Abwehrinstinkte in ihnen wachrufen musste.

Wie reagiert also ein »Abschusskandidat« im öffentlichen Dienst, wenn er auf eine Stelle gesetzt wird, die seiner Karriere gemeinhin nicht dienlich ist?

Er formt in der Folge durch sein resolutes Auftreten diese Stelle in die allerwichtigste Position dieser Landeskirche um.

Oder er versinkt im durch Hyperaktivitäten getarnten Phlegma, indem er fortan große seelsorgerische Wellen schlägt, um zu bluffen.

Ich will sagen, dass einige dergestalt zwangsversetzte Kollegen mir schon leidtun konnten.

Allerdings machte es sie auch nicht sympathischer, wenn sie im Kollegenkreis ihre »Niederlage« mit einer öffentlich zur Schau getragenen, selbstbewussten Großspurigkeit zu kaschieren versuchten.

Außer den »Zwangszugewiesenen« arbeiteten auch normal »freiwillige« Brüder und Schwestern in den Anstalten.

Ihnen erging es nicht viel besser. Auch sie fielen völlig unvorbereitet in den Knastalltag und zogen sich diverse Brüche zu.

Kein Theologiestudium der Welt vermittelte das Wissen, das wir uns schmerzlich durch die alltägliche Arbeit im Knast erwerben mussten.

Darüber hinaus gab es noch gravierendere Probleme. Diese betrafen unsere permanente Vereinzelung. Wir arbeiteten in der Regel als Einzelkämpfer, ein jeder in seiner Anstalt, ohne wirkliche Kollegen. Die meisten Vollzugsanstalten ließen von ihrer Größe oft nur eine einzige Pfarrstelle zu. Die nächste JVA lag häufig etliche Kilometer entfernt. Kontakt zu den anderen Fachdiensten ließ sich nur schwer gestalten, weil die Arbeitsbereiche sich permanent voneinander abschotteten. Ökumenische Freunde besaßen wir selten. Keine Teamsitzung, kein Konvent, keine Supervision vermochten diese Vereinzelung wirklich aufzubrechen.

Ich habe in den letzten Jahren meiner Tätigkeit als Landespfarrer für Gefängnisseelsorge unserer Landeskirche schmerzlich erfahren müssen, wie die mir anvertrauten Schwestern und Brüder unter dieser Situation litten. Sie leisteten zum Teil eine hervorragende Arbeit vor Ort. Dennoch besaßen sie niemanden, mit dem sie ihre Freude oder ihr Leid teilten. Sie durften nirgends »angeben«, das heißt, auch einmal stolz auf das Erreichte sein zu können. Meist hatten sie das unterschwellige Gefühl, der Kollege leiste seine Arbeit erfolgreicher. Nur, weil dieser sich besser »verkaufte«.

Es war nicht möglich, unsere Arbeit vergleichend zu werten. Zu unterschiedlich hatten sich die einzelnen JVAs entwickelt, was Konzept und Größe anbelangte. Hinzu kamen die vielen Enttäuschungen, die es zwangsläufig in der Arbeit mit sozialen Konfliktgruppen gibt.

»Schauen Sie mal, Herr Pfarrer, was Ihr Schützling wieder angerichtet hat. Und Sie haben sich so viel Zeit für ihn genommen!«

Ein Spruch, den wir pausenlos von den Vollzugsbeamten zu hören bekamen.

Hinzu gesellten sich die vielen abwertenden Verletzungen, die jeder von uns täglich wegstecken musste.

Hierzu ein kleines Beispiel:

Ein mir seit Jahren vom Sehen bekannter Inhaftierter schrieb mir einen »Vormelder« (Antrag) mit der Bitte um ein Gespräch. Ich suchte ihn daraufhin auf und fragte, wie ich ihm helfen könne.

»Sondersprecher!«, kam die knappe Antwort.

Er wollte also einen Besuchstermin für seine Angehörigen im Pfarramt erhalten. Nun lass ich mich nicht gerne kommandieren und reagiere in der Regel auch nur auf ganze Sätze. Also antwortete ich genauso kurz mit:

»Nö!«

Ein giftiger Blick traf mich, gepaart mit den Worten:

»Verpiss dich, du Fotze.«

Ist man gut drauf, steckt man so etwas professionell weg. Ansonsten knabbert man schon daran. Ich war an diesem Tag jedenfalls sehr gut drauf und erwiderte:

»Junge, das geht jetzt aber nicht, dass du schon wieder der Verlierer bist. Alle anderen erhalten ihren Sondersprecher, nur du wieder nicht.«

An dieser Stelle wurde er vor Wut weiß im Gesicht, und ich machte mich innerlich für eine körperliche Auseinandersetzung bereit, doch diese hätte ich in jedem Fall verloren. Ich intervenierte also.

»Hör doch mal zu und versuch mir mit fünf einfachen Worten zu erklären, warum du diese Sondersprechstunde unbedingt bei mir haben möchtest.«

Es folgte eine nicht druckreife Reaktion!

»Deine Freundin soll also kommen. Ihr beide habt Ärger«, mutmaßte ich.

»Ja.«

»Na also!«, sagte ich. »Geht doch.«

Ich klopfte dem verdutzten jungen Mann auf die Schulter.

»Kriegen wir doch alles hin.«

Die Geschichte wartete leider mit keinem Happy End oder einer großen Läuterung auf. Weder entschuldigte er sich noch nahm er im Beisein seiner Freundin Bezug auf die Vorgeschichte.

Es hätte aber auch ganz anders ausgehen können. Menschen mit mangelnder Frustrationstoleranz bleiben immer gefährlich, sich selbst gegenüber sowieso, aber auch ihren wohlwollenden Gesprächspartnern gegenüber.

Kein Mensch wurde auf Fallstricke und Betrugsabsichten vorbereitet, die einem im Strafvollzug widerfahren können. Wenn ein Nachbar bei Ihnen klingelt und um ein Ei bittet, geben Sie es ihm, ohne groß darüber nachzudenken. Im Knast heißt es: »Gesagt – gemeint.«

Was verbirgt sich also hinter einer harmlosen Bitte?

Ein alter, pensionierter Beamter des öffentlichen Dienstes, der bei mir als Ehrenamtlicher im Pfarramt half, wurde bei einem seiner ersten Besuche im Gottesdienst von einem Gefangenen nach Backpulver angesprochen. Er hätte am Mittwoch Geburtstag, sagte er, und wollte ganz im Zeichen der Nächstenliebe seinen bedürftigen Mitgefangenen einen Kuchen backen. Eine schöne Geschichte, eine christliche allzumal, dachte der arme Mann. Zum Glück wiesen mich andere Inhaftierte auf den Fall hin, sollte das Backpulver doch einzig und allein für den »Angesetzten«, d. h. für Alkohol, herhalten.

Noch dümmer habe ich mich in den ersten Wochen meiner Tätigkeit verhalten. Achtung: Dies ist bereits verjährt! Ein Inhaftierter, der unsere Büros reinigte, bat mich um ein kleines Weihnachtsgeschenk.

»Ich sitze nun schon das vierte Weihnachten ein«, sagte er. »Ich habe mal wieder so richtigen Appetit auf ein kleines Hühnchen.«

Bei dieser Bitte schlug mein riesengroßes christliches Vorweihnachtsherz heftig. Als er mir schließlich auch noch erzählte, dass seine Mutter das Tiefkühlhühnchen besorgen würde, ich müsste mich vor der Anstalt nur mit ihr treffen, kannte meine Hilfsbereitschaft keine Grenzen mehr. Monate später – bei seiner Entlassung – warnte mich ebenjener Gefangene vor den Folgen meiner Tat.

»Herr Pfarrer, erfüllen Sie nie wieder irgendjemandem solch einen Wunsch. Was meinen Sie, womit das Hühnchen gefüllt war ...?«

Ich mache meine Irritationen in punkto Hilfsbereitschaft noch an einer anderen Geschichte deutlich.

Kurz vor Weihnachten, in meinem ersten Jahr in der JVA, bekam ich einen Anruf einer mir bis dato unbekannten Gemeinde X. Man wollte mir für meine Adventsfeiern Kekse spendieren und fragte, ob ich interessiert sei. Es wäre durchaus möglich, die Kekse zu verpacken und offiziell am Tor der Anstalt für das Pfarramt abzugeben.

Stunden später informierten mich die Torbeamten darüber, dass für mich eine Ladung Kekse in Originalverpackung abgegeben wurde.

Ich holte sie ab und sicherte die süße Ladung in meinem »Tabakschrank«. Kurze Zeit später brachten mir die Beamten einen traurigen älteren türkischen Gefangenen zum Gespräch. Zum Abschied, dachte ich, sollte er etwas Süßes von mir bekommen. Ich öffnete den Schrank, nunmehr voller dänischer Butterkekse eines populären Discounters. Lauter blaue Dosen, und mittendrin thronte eine rote Büchse. Die nahm ich, gab sie dem traurigen Gefangenen, und Ende der Geschichte, dachte ich.

Am darauffolgenden Sonntag sprach mich nach dem Gottesdienst ein ebenfalls »sehr« trauriger Gefangener an, die Primärgeschichte habe ich vergessen, und bat um etwas Süßes. Also ließ ich mich erweichen, öffnete ebenjenen Schrank mit den Worten:

»Nehmen Sie sich eine Büchse.«

Suchend und prüfend verweilte der Inhaftierte vor dem Schrank, ohne etwas herauszunehmen. Ungeduldig geworden, mahnte ich:

»Nun nehmen Sie sich schon etwas. Der ganze Schrank ist ja voll!«

Tage später traf ich in der Teilanstalt 3 ebenjenen traurigen türkischen Gefangenen wieder, den mit der roten Büchse. Er fiel vor mir auf die Knie, küsste mir vor aller Augen mehrfach die Hand und bedankte sich noch einmal überschwänglich.

Kein Mensch, der noch niemals einen Knast von innen gesehen hatte, konnte mit dieser Geschichte etwas anfangen. Ich mach es kurz. Bei der Kekssendung handelte es sich um eine fingierte Lieferung. Die angegebene Gemeinde gab es gar nicht. Der Gefangene, der lange unschlüssig vor meinem Schrank stand, sollte die rote Büchse bekommen. Ein Freund von ihm hatte sie mir untergeschoben. Der ahnungslose, traurige türkische Gefangene, der sie durch Zufall von mir geschenkt bekam, staunte wohl bei deren Inhalt nicht schlecht über den deutschen Strafvollzug im Alltemeinen und über die seelsorgerischen Aktivitäten evangelischer Geistlicher im Besonderen.

So viel Dummheit meinerseits müsste eigentlich bestraft werden. Es wäre wohl auch dazu gekommen, soweit irgendein Uneingeweihter davon Wind bekommen hätte.

Eine andere Möglichkeit, uns über den Tisch zu ziehen, bestand in der Vorspiegelung fingierter sozialer Kontakte. Heiratsschwindler sind nämlich einfach zu lieben. Dirk, nicht mehr ganz so jung, trotzdem immer noch imposant im Auftreten und in seiner Außenwirkung, saß eine sehr lange Haftstrafe wegen Betruges in Tegel ab. Das hinderte ihn aber nicht daran, nützliche Außenkontakte zu reiferen und gut betuchten Frauen zu knüpfen. Irgendwann landete er dann auch mit einer Bitte bei mir. Er habe da eine Frau über eine Zeitungsannonce kennengelernt. Und zwar »DIE FRAU«!

»Wäre es nicht möglich, den ersten Kontakt über das Pfarramt laufen zu lassen? Sie ist nämlich gutbürgerlich sozialisiert und dem Milieu in Tegel völlig fernstehend. Gerade in meinem Alter. Und da ich ja bald entlassen werde ...«

Sie ahnen, was folgt. Natürlich lud ich sie zum gemeinsamen Gespräch ein und öffnete ihr die angenehmsten Türen, welche der Knast zu bieten hatte. Ich vergaß die ganze Geschichte. Nach wenigen Wochen sprach mich Dirk noch einmal an.

»Ja, Pfarrer, noch einmal vielen Dank. Aber daraus ist nichts geworden. Uns trennten zu viele Welten. Aber jetzt habe ich wirklich die richtige Partnerin kennengelernt. Können Sie denn nicht noch einmal einspringen?«

Geschickt machte er mir den Mund wässrig, indem er andeutete, dass wir bei dieser Gelegenheit auch gleich über eine kirchliche Trauung in Tegel sprechen könnten. Ich mache es auch hier wieder kurz. Bei Frau Nr. 4 oder 5 riss auch bei mir der Geduldsfaden. Ich formulierte ein eindeutiges Nein.

Was Dirk nunmehr machte, war schon sehr speziell und nötigte mir sogar eine gewisse Portion Respekt ab, obwohl ich mir vor Wut fast in das Hinterteil gebissen hätte.

Um doch noch an seine Sprechstunde mit seinen reifen, reichen Frauen im Pfarramt zu gelangen, ließ er von seiner Zukünftigen einen Brief an meinen Bischof schreiben. Sie legte darin die misslichen Umstände von Dirks Inhaftierung dar. Sie beschrieb, wie er sich mit ihrer Hilfe bemühte, die Resozialisierung voranzutreiben, wenn es da nicht ebenjenen Pfarrer in Tegel gäbe, der dies aus irgendwelchen Gründen verhindern möchte. Dieser Pfarrer Dabrowski, das wisse man ja in der Anstalt, so die nette Dame, lädt nämlich nur junge Damen bis 25 ein. Sie selber war leider bereits 47 und somit zu alt für die gierigen Augen ebenjenes Pfarrers.

Das Bischofsbüro stellte mir diesen Brief zur Klärung des Sachverhalts zu. Dies unter dem Motto: Wo Rauch ist, kann auch ein Feuer sein.

Klug gedacht von Dirk, aber dennoch zu kurz gegriffen. Natürlich ließ ich mich nicht erpressen. Aber ist das wirklich so natürlich? Ab welchem Zeitpunkt wird man »weich« oder kann dem Druck nicht mehr standhalten? Vor allem unter den Umständen, wenn noch handfeste Drohungen dahinterstehen.

In diesem Fall nahm die Geschichte allerdings eine interessante Wendung. Monate später rief mich weinend besagte Freundin an und entschuldigte sich in überzeugender Form bei mir. Dirk hatte ihr den Brief diktiert, und sie war doch völlig ahnungslos. Allerdings warf sie mir gleichzeitig massiv vor, dass ich sie nicht davon in Kenntnis gesetzt hatte, dass sie bereits die dritte oder vierte Freundin von ihm war.

Ja, so ist das mit der Schweigepflicht ...

Um die Arbeit im Knast besser bewältigen und mit den skizzierten Situationen besser umgehen zu können, müssten nach meiner Auffassung für zukünftige Mitarbeiterinnen und Mitarbeiter Konsequenzen gezogen werden.

Wichtig wäre, vor einer Bewerbung im Strafvollzug eine längere Hospitationsphase bei einem erfahrenen Mitarbeiter einzulegen. Noch besser wäre es, wie auch sonst üblich, eine Probezeit von einem halben oder einem ganzen Jahr zu vereinbaren. Innerhalb dieser Zeitspanne können sich sowohl Bewerber als auch Kirche von der Eignung zur Arbeit im Knast überzeugen ... oder davon Abstand nehmen.

Nichts ist schlimmer, als angeekelt oder angstbesetzt seinen Dienst zu tun und seine Jahre einfach nur »herunterzureißen«.

Die ersten Wochen sollten zudem noch von einem erfahrenen Mitarbeiter begleitet werden. Einzelkämpfer auf weiter Flur wird jeder Knastpfarrer noch früh genug.

Ich denke, auch auf die in solch einer Spezialpfarrstelle vorgegebenen Dienstjahre müssen strikt eingehalten werden. Dies muss dem Mitarbeiter rechtzeitig deutlich gemacht werden. Der beste Mitarbeiter ist ein befristeter, auch wenn ich mit meinen 23 Dienstjahren vor Ort mit dieser Aussage buchstäblich im Glashaus sitze.

Irgendwann nämlich, ohne dass man es selber bemerkt, werden die eignen Gitter im Kopf so groß, dass sie einer gedeihlichen Arbeit kontraproduktiv im Wege stehen. Seelsorge im Gefängnis sollte immer nur eine Interimstätigkeit sein. Ab einer bestimmten Anzahl von Dienstjahren in einer JVA ist man einfach nicht mehr »knastfähig« und erst recht nicht mehr in der Lage, den Dienst in einer normalen Kirchengemeinde aufzunehmen.

Die Bösewichter

Da gibt es ja auch noch die Gefangenen

Christliche Seelsorge an Inhaftierten begründet sich, wie bereits erwähnt, aus einer Bibelstelle des Matthäus-Evangeliums, in der wir aufgefordert werden, Gefangene zu besuchen. Wir Christen nennen dieses eins der sieben Werke der Barmherzigkeit:

Hungrige speisen
Durstige tränken
Fremde beherbergen
Nackte kleiden
Kranke pflegen
Gefangene besuchen
Tote bestatten

Konsequent geschlussfolgert, müsste es eigentlich heißen: Gefangene besuchen ... und befreien. Denn einen hungrigen oder durstigen Menschen nur zu besuchen, wäre ja der Gipfel der Geschmacklosigkeit. So heißt es aber nicht!

In der Bibel steht einfach nur »besuchen«.

Gefangene werden besucht, und zwar zweckfrei! Sie sollen weder gerettet noch missioniert oder für eigene Zwecke missbraucht werden.

Besuchen heißt, sich auf den Menschen als Gegenüber einzustellen und nicht auf seine Persönlichkeit als Straftäter. Rein seelsorgerisch spielt es also keine Rolle, ob er krank, fremd oder inhaftiert ist. Da ist ein Mensch in Not, und er bittet mich, ihn freiwillig ein Stück weit zu begleiten.

Ich habe also den Menschen zu sehen, so wie er, durch viele biografische Umstände geprägt, vor mir steht. Bis zu diesem Punkt unterscheidet uns nicht viel voneinander. Wenn er möchte, berichtet er mir von den Umständen seiner Tat, dem Punkt, der uns aller Wahrscheinlichkeit nach unterscheidet.

Wen besuchen wir da? Ab diesem Punkt kann keiner von uns mehr objektiv sein. Zu sehr sind wir geprägt durch Medien.

Der Gefangene ist ein »Bösewicht« mit der entsprechenden Physiognomie, wie wir meinen. Würden wir bei einem x-beliebigen Kriminalfilm nur für ein paar Minuten den Ton abstellen, würde uns trotzdem nach wenigen Augenblicken klar sein, wer hier der Böse und wer der Gute ist.

Ein willkommenes Stilmittel jeden Regisseurs: die sogenannte Maske des Bösen. Hinzu kommen noch die eigenen Erfahrungen. Der Penner am Bahnhof.

»Wie der schon aussieht! Der steht ja sowieso bereits mit einem Bein im Knast.«

Das Klischee macht es uns einfach. Es ist ja leider zum Teil auch wahr. Besucht man die Gefangenen in der Anstalt, fühlt man sich sofort bestätigt. Eine kleine, aber deutliche Minderheit entspricht dieser bürgerlichen Sichtweise. Partiell ungepflegt, tätowiert und mit eigenwilliger Anzugsordnung versehen, begegnen sie uns. Dazu auch mehrheitlich noch mit respektabler Muskelmasse, als sei das knasteigene Fitnesscenter Hauptbestandteil aller Resozialisierungsmaßnahmen. Darüber hinaus auch noch diese Sprache! Dieses Reinpacken allmöglicher Emotionen in unvollständige Halbsätze. Diese permanente Ausdruckslosigkeit im Gesicht. Dieses aggressive Agieren und Anmachen. Ständig am Rand des, auch im Knast, Zulässigen.

Ich nehme für mich das Privileg in Anspruch, so zu denken, weil ich über zwei Jahrzehnte in dieser Welt verbracht habe. Ich darf so sprechen, weil ich von Anfang an bestrebt war, mich nicht auf so ein vermeintlich szenetypisches Niveau, als Zeichen der Solidarität oder auch der Schwäche, herabziehen zu lassen. Und weil ich mir selbst immer wieder vor Augen geführt habe, dass dies genauso Kinder Gottes sind, nur mit einer viel schlechteren Ausgangslage. Diese Rahmenbedingungen entschuldigen natürlich nicht ihre Taten. Sie sollten aber in uns den erforderlichen Respekt erzeugen. »Du bist nun mal auf diesem Niveau, also lasse ich dich auch dort«, wären an dieser Stelle schlicht die falschen Gedanken.

Ich habe viel, auch menschlich, von den Inhaftierten gelernt. Zum Beispiel was es heißt, Solidarität zu üben, Mut zu entwickeln, kreativ zu sein und den Humor in allen Lebenslagen zu bewahren. Ich erkannte, welch ungeheuer großes Energiepotenzial im Knast verpufft, nur weil die Gefangenen es nicht gelernt haben, ihre Fähigkeiten zu ihren Gunsten zu nutzen. In ihrem Knastleben wird das Feld der kriminellen Energie bewässert, welches eigentlich hätte brach liegen sollen.

Ich traf in all den Jahren niemanden, der behauptete, dass es Spaß macht, kriminell zu sein.

In diesem Kontext passt, dass ein nicht mehr ganz junger Inhaftierter, Angehöriger eines fahrenden Volkes, einmal zu mir sagte, ich solle nicht immer so beherrscht und ausgeglichen sein. Wörtlich: »Pfarrer, nicht immer alles schlucken. Sonst kriegst du Arschkrebs!«

Er meinte dies wirklich als ernst gemeinten medizinischen Rat und nicht als lockeren Spruch. Ich erinnerte mich an seinen Rat Jahre später. Dies zu einem Zeitpunkt, wie ich schmerzlich bemerkte, als ich tatsächlich alles in mich hineingefressen hatte. Manchmal kommt wirksame Medizin eben auch mit einem Schmunzeln und recht bodenständig daher.

Wer also ist nun *der* Gefangene? Wie sieht er aus? Was kennzeichnet ihn? Was ist das Besondere an ihm? Ist er wirklich so anders, dass wir keine Angst davor bekommen müssen, jemals so zu werden wie er? Fragen über Fragen, die ich mir stellte.

Und doch musste ich völlig anders an diese Thematik herangehen. Es handelt sich nämlich mindestens um zwei Fragen, die sich uns stellen. Erstens, wie werde ich kriminell, und zweitens, wie mutiert meine Persönlichkeit, wenn ich inhaftiert bin? Ich möchte versuchen, diese Fragen am persönlichen Beispiel zu beantworten.

Im jugendlichen Alter von 18 Jahren wurde auch ich interniert. Zwar nicht in eine JVA, aber in eine Kaserne. Und dies als ein den Grundwehrdienst leistender Soldat.

Was geschah? Sofort lehnte ich mich, zumeist innerlich, dagegen auf. Das war zunächst weniger politischen oder moralischen Gründen geschuldet. Mein Verhalten begründete vielmehr die Tatsache, dass mir ein großer Teil meiner persönlichen Freiheit genommen worden war. Aber nicht nur das.

In einer Ausbildungskompanie mit ein paar Tausend Soldaten fiel es gar nicht auf, wenn ich mich nach dem Befehl »Frühsport!« in meinem Spind versteckte.

Als eines novemberkalten und regnerischen Tages der Befehl »Gefechtsalarm« für eine Übung ertönte, meldete ich mich freiwillig auf eine Anfrage des Hauptfeldwebels (Spieß).
»Kann ein Kerl hier Schach spielen?«
Ich hatte keine Ahnung von diesem Spiel. Somit wurde ich dann wenig später dazu zwar verdonnert, stundenlang den Flur zu scheuern. Dennoch, ich schrubbte ihn wenigstens im Trockenen.

Ich möchte damit ausdrücken, dass sich jeder Mensch unter jeglicher Situation sofort eine Nische im System sucht, um gut über die Zeit zu kommen.

Einer meiner geschätzten Anstaltsdirektoren in Tegel sagte einmal zu mir:
»Ich würde es genauso machen wie die Inhaftierten, mich gegen alles auflehnen und beschweren, aus dem Gefühl heraus, dass dies das letzte bisschen Freiheit ist, was mir bleibt.«

Die Gefangenen selbst unterscheiden nicht nach sozialer Herkunft oder akademischen Weihen. Sie sagten zu mir:
»Pfarrer, der ist ein Arschloch, und der ist ein Kumpel.«
Erstgenannter wird dann noch etwas differenzierter betrachtet.
»Der ist ein Lappen!«
»Der ist schwul!« Oder:
»Der ist ein Lampenbauer!« (Anscheißer)

Nach der Wende saßen ein paar Politbüro-Promis in Tegel ein. Sie waren durchweg Kumpel, äußerst angepasst und mit wenig höheren Interessen versehen. Sie fanden sofort »ihre« Kreise und soffen und zockten dort mit. Ein Inhaftierter kommentierte dies:
»Einmal Bauer, immer Bauer.«

Etwas anders verhielten sich die Altstars unter den Sportlern, den Boxern. Auch wenn manchem scheinbar das letzte bisschen Verstand aus dem Kopf gedroschen worden war, besaßen sie quasi per Geburt so etwas wie einen Kultstatus im Knast. Geistige Höhenflüge wurden von ihnen nicht erwartet. Dafür zeigte man sich gerne mit ihnen oder grüßte lautstark über den Hof im Sinne von: Siehst du, wen ich alles kenne.

Fairerweise muss ich an dieser Stelle unterstreichen, dass auch wir Pfarrer unter diesen Kultstatus fielen. Auch wir wurden jedes Mal lautstark begrüßt:

»Schau mal, da kommt mein Lieblingspfarrer.«

Ganz so zweckfrei erschienen mir diese Höflichkeitsfloskeln nie.

Es gab aber auch noch einige Deliktgruppen, die sich für etwas Besonderes hielten. Bankräuber zum Beispiel oder Geldtransportdisponenten meinten, der »Königsklasse« der Kriminalität anzugehören.

Ganz am Ende der Rangliste standen stets die sogenannten »Kinderficker«, die so gut wie keine Lobby, weder beim Personal noch bei den Mitgefangenen, besaßen.

Dennoch wird jeder Bedienstete auf die Frage »Wer sind die unangenehmsten Zeitgenossen im Vollzug?« wie aus der Pistole geschossen antworten:

»Die Betrüger.«

Das mag verwundern, umgibt uns doch in der freien Welt ein Heer von Menschen, die – wenn auch in milderer Form – darauf trainiert werden, uns zu betrügen.

Sie sollen uns etwas verkaufen oder andrehen. Sie möchten

uns von bestimmten Produkten überzeugen, die einfach nur Mist sind. Oder sie appellieren an die niederen Instinkte in uns, indem sie uns großen Reichtum versprechen.

Das Internet ist voll davon.

»Sie haben gerade gewonnen, das ist kein Scherz!«

Ab einem bestimmten Alter flattern uns, wie von Zauberhand geworfen, die kostenlosen Reiseangebote oder Schnäppchen ins Haus.

Stört uns alles noch nicht? Wir könnten ja die Klingel oder das Telefon abstellen. Es gibt gute Spam-Programme und hoffentlich noch ein wenig gesunden Menschenverstand.

Aber all dies gebündelt im Knast zu ertragen, ist schwer. Es ist kaum möglich, mit diesen Menschen zu arbeiten, weil sie sich auch hier ständig weiter trainieren und an sich arbeiten. Betrug ist eine höchst effektive kriminelle Spielart. Ich hätte für die nächsten 100 Jahre genug todsichere Tipps ...!

Über Heiratsschwindler und Weihnachtskekse-Spender berichtete ich bereits. Wenn man allerdings selbst permanent Zielscheibe derartiger Manipulationsversuche wird und diese irgendwann durchschaut, erfordert es viel Contenance, um ein solches Spiel jeden Tag ertragen zu können. Gefangene, die mich mit den ewig gleichen Geschichten um ein Päckchen Tabak anbettelten, unterbrach ich zum Schluss jedes Mal, um ihnen ihre vermeintlich »eigene« Story zu Ende zu erzählen.

Der durchschnittliche Gefangene ist allerdings ein Mensch wie du und ich. Viele sind ganz durchschnittliche Familienväter. Andere sind hoch aggressiv und besitzen eine geringe Frustrationstoleranz.

Zu Beginn meiner Tätigkeit brachten die Vollzugsbeamten fast täglich einen Inhaftierten zu mir, der, um auf dem Boden zu bleiben, mir ständig seine Straftat vorführen musste. Ich habe ihn oft im besonders gesicherten Haftraum (Bunker) besuchen müssen. Schwere gemeinsame Zeiten liegen hinter uns, mit Kriseninterventionen jeglicher Couleur, bis hin zu jahrelanger Funkstille wegen verschiedener Meinungsverschiedenheiten, was die Aufarbeitung seiner Straftaten anbelangt.

Nach über 20 Jahren entwickelte er sich zu einem meiner liebsten Inhaftierten und mit sehr guter Zukunftsprognose. Fast jeder kann also »nachreifen« und seinen Weg finden. Wie sich ein Mensch unter Druck in der Unfreiheit seiner Zelle oder der Haftanstalt entwickelt, hängt von der jeweils eigenen Persönlichkeit ab. Der eine zeigt Größe, und der andere mutiert zum larmoyanten Zeitgenossen.

Möge die an uns selbst gestellte Frage, wie wir uns im Knast fügen würden, eher einen abschreckenden Charakter besitzen!

Wie kreativ Menschen in ihrer kriminellen Karriere sein können, zeigt Michaels Beispiel. Michael war etwa 35 Jahre alt und der Kopf einer äußerst erfolgreichen Autoschieberbande. Innerhalb weniger Tage stahl er, quasi auf Bestellung, in Berlin Dutzende schwarze Nobelkarossen, brachte diese per Eskorte ins benachbarte östliche Ausland zur Verschiffung nach »irgendwohin«. Er war ein Meister seines Fachs, was Planung und Logistik betraf. Etwas überspannt in seiner Außenwirkung, aber ansonsten total sympathisch, lebte er in der Anstalt, erwarb sich bald eine Vertrauensstellung in einem Betrieb und ließ es sich augenscheinlich recht gut gehen.

Wie sehr ihn sein altes Umfeld allerdings immer noch in Atem hielt, zeigte die Tatsache, dass jedes Mal, wenn wir uns in der Anstalt begegneten, er mir zurief:
»Herr Pfarrer, denken Sie daran – alle 14 Tage ein neues Nummernschild.«
Was es auch immer bedeuten sollte, sein altes Metier schlug durch.

Eines Tages lief ich mit der damaligen Justizsenatorin über das JVA-Gelände, als uns Michael mit ernster und gewichtiger Miene entgegenkam und seinen Spruch losließ.
»Herr Pfarrer, denken Sie daran – alle 14 Tage ein neues Nummernschild ...«
Ich war auf die Reaktion der Senatorin gespannt. Umsonst. Sie reagierte überhaupt nicht. Was sie allerdings später ihrem Fahrer auftrug, ist nicht überliefert.

Kriminelle Menschen sind zum Teil äußerst geschickt, was ihr Tun angeht, dies allerdings oft in die falsche Richtung. Ein bisschen Anerkennung brauchen sie allerdings alle. Viele vertrauten mir an, dass sie gern eine Beschäftigung im Rampenlicht oder eine mit hoher sozialer Kompetenz hätten, z. B. im Sicherheitsdienst, etwa als Personenschützer oder SEK-Beamter. Oder auch Tätigkeiten im Bereich der Altenpflege oder Jugendarbeit sind begehrt. Fast alles Wünsche, die mit ihrem stigmatisierten polizeilichen Führungszeugnis nicht mehr zu realisieren sind, also völlig unrealistisch für ihr Leben werden. Welche Weiche hätte da rechtzeitig gestellt werden müssen? Und wer hätte dies tun können und sollen?

Die Zeit in der JVA ist oftmals (leider viel) zu kurz, um noch einmal das Steuer herumzureißen. Zumindest nicht in einer Form des Strafvollzugs, der eher das Wegsperren in den

Vordergrund stellt und völlig risikofrei agiert. Denn ich möchte hier nicht behaupten, dass die Inhaftierten nichts lernen wollen, ihre Zeit im Knast reicht einfach nicht aus, um weiter nachzureifen, denn der Strafvollzug bietet nur begrenzte Möglichkeiten für eine Resozialisierung.

Andere kamen bereits »hoch qualifiziert« nach Tegel. Ingo, ein schon etwas angejahrter »Altknacki« mit langen, ständig zum Zopf gebundenen grau melierten Haaren erzählte mir von seiner »Lehre« bei einem alten Einbruchsmeister. Dieser spezialisierte ihn auf eine besondere Form des Villeneinbruchs unter Berücksichtigung aktiver Alarmanlagen. Er trainierte mit Ingo monatelang das Werfen eines etwa faustgroßen Steins auf ein Villenfenster, welches sich im ersten oder zweiten Stock direkt neben der Regenrinne befand. Ein kurzes Klirren und minutenlange Funkstille mobilisieren auch den aufmerksamsten Nachbarn nicht.

Nach Ablauf dieser Zeit erstieg Ingo stets das Fenster über die Regenrinne und öffnete es. Auf meine Frage, ob dies immer gut ging, antwortete er mir nach kurzem Nachdenken: »Na, bis auf einmal.«

Er war schon erfolgreich in das am südlichen Berliner Stadtrand gelegene Haus eingestiegen, befand sich bereits in der Parterre gelegenen Küche, als hinter ihm ein drohender und respektabel aussehender riesiger Hund auftauchte. Gefährlich knurrend fletschte er seine Zähne und kam auf ihn zugelaufen. Nach einer kurzen Schrecksekunde, unter stummer Aufzählung seiner Chancen, kam Ingo dann blitzschnell die rettende Idee. Hastig öffnete er die Kühlschranktür mit den Worten: »Hund, das ist alles deins. Der Rest gehört mir.«

Keine Sekunde interessierte sich der Köter mehr für den Eindringling, so sehr war er damit beschäftigt, in das sonst so verschlossene Hundeparadies zu gelangen.

Bei dem Gedanken, wie wohl die Hausbesitzer reagiert haben müssen, als sie eine verschlossene und alarmgesicherte Tür öffneten und dann einen rülpsenden Hund vor einem leeren Kühlschrank vorfanden, »Schatz, schau mal, wie intelligent unser Bello ist. Der öffnet sogar Schränke ...«, musste auch ich lachen.

Ingo rief mich Jahre später von einer Mittelmeerinsel aus an, wo er als Fahrer eines Villenbesitzers arbeitete.

»Pfarrer, die Hand, die einen füttert, beißt man nicht«, beantwortete er meine diesbezügliche besorgte Frage.

Ich wünsche ihm, dass er diese Hunde-Geschichte einmal seinen Enkeln erzählen kann.

Mag sein, dass sich meine Erzählungen wie Geschichten von überzogenen Exoten anhören, aber es sind genau jene, die in mir so manche Saite zum Klingen gebracht haben.

Eine etwa 45 Jahre alte Partnerin eines Gefangenen, die ihren Freund als Beamtin in der Untersuchungshaft kennen- und lieben gelernt hatte und die darüber ihre Ehe sowie ihre Anstellungsfähigkeit als Vollzugsbeamtin verlor, sagte zu mir sinngemäß:

»Wissen Sie, Herr Pfarrer, ich war vorher 20 Jahre lang mit einem S-Bahnführer verheiratet. Unsere Ehe lief nach Schichtplan. Wir sahen uns kaum. Wenn er nach Hause kam, freute er sich auf sein Essen und auf seine Pantoffeln. Durch ›X‹ habe ich erst einmal gelernt, was es heißt zu leben. Auch wenn er nun für eine Zeit im Gefängnis sitzt, den lass ich nicht wieder laufen!«

Aber Menschen ohne höhere Interessen, die nur auf das Überleben eines jeweiligen Tages getrimmt wurden, die für

Alkohol oder Drogen bereit sind, ihre Großmutter zu verkaufen, haben nichts mehr zu erzählen. Sie sind sich selbst fremd geworden. Sie erscheinen uns auch deshalb unsympathisch, weil wir zu ihnen kaum noch Kontakte aufbauen können. Sie werden zum wiederholten Male eingesperrt und verkümmern innerlich. Es gab Beamte in meinem Umfeld damals, die von »Haftmacken« sprechen, die immer größer werden.

In der Tat. Viele können und müssen nur noch betreut werden. Für eine andauernde Betreuung ist eine JVA allerdings nur bedingt geeignet. Was wird einmal aus den vielen immer älter werdenden Gefangenen? Überlegungen für Altenstationen gibt es bereits.

Auch eine andere Frage habe ich mir nie beantworten können. Die Frage nämlich, warum der eine kriminell wird und der andere nicht.

Manchmal gab die mangelnde Anerkennung den Ausschlag dafür, sich diese mit fremdem Geld zu erwerben. Andere Inhaftierte meinten, zu vermeintlich Höherem berufen zu sein. Dies ist übrigens ein nicht so seltenes Motiv, einmal in einer Liga mitzuspielen, der man sich verbunden fühlt.

Oft spielte auch der falsche Einfluss eine wesentliche Rolle. Manche soziale Wohnungsbausiedlungen sind bekannt für ihre berühmt-berüchtigten Jugendgangs. Sie geben dem Gestrauchelten erst einmal Halt, Geborgenheit und Anerkennung. Aber dann ...

Auch in vielen anderen Bereichen ist der Einzelne häufig schwach, schauen wir in das einfache Beispiel der Vogelwelt und auf die Bedeutung und Wirkung eines Vogelschwarms. Das belegt auch Alfred Hitchcock in seinem Film »Die Vögel«, wenn auch auf überzogene Art und Weise.

Diese Mechanismen finden wir auch im zwischenmenschlichen Miteinander wieder. Wer einer »Gang« angehört, vielleicht einem Biker Club, ist automatisch stark.

Die Bereitschaft, wer in seinem Leben mindestens ein Mal kriminell wird, kann auch eine Erklärung im vielfach überzogenen Gebrauch von Drogen finden. So etwa in Beziehungskonflikten mit tödlichem Ausgang.

Das letzte bisschen Mut, das jemandem fehlt, um z. B. eine Bank zu überfallen, wird nicht selten durch Alkohol oder andere Suchtmittel kompensiert. Ein Gefangener sagte mir einmal:

»Da haben sie mir Bilder von den Überwachungskameras gezeigt (Juwelier). Ich hab mich darauf gar nicht erkannt. Mann, muss ich ›breit‹ gewesen sein. Was hätte da alles passieren können?«

Symptomatisch erschien mir in meiner psychologischen Betrachtung der mir anvertrauten Inhaftierten das Fehlen einer positiven Vaterfigur. Viele wurden nur bruchstückhaft sozialisiert, weil ihre Väter durch Abwesenheit glänzten.

»Mutter kam irgendwann nicht mehr klar mit uns.«

Eins schien mir dennoch fast symptomatisch für die Inhaftierten zu sein, die ich irgendwann einmal auch zu Hause aufsuchen durfte. Die Wohnungseinrichtungen, die ich vorfand, zeichneten sich durch klischeehafte Stereotypie aus, riesige Flachbildschirme und Musikanlagen, die zum Beschallen des Olympiastadions ausgereicht hätten.

Ein Buch im Regal habe ich indes nie gesehen. Und die Möglichkeiten von clouds und e-books hatten damals die Welt noch nicht wirklich erreicht.

Ein anderes Kapitel wird mit den vielen ausländischen Inhaftierten aufgeschlagen. Keiner traut sich so richtig, darüber zu sprechen, aus Angst, vorschnell in die rechte Ecke gedrängt zu werden oder zumindest sich politisch nicht korrekt genug auszudrücken. Leider zeigt sich, dass die Anzahl der ausländischen Gefangenen überproportional hoch in unseren Gefängnissen vertreten ist, in den großen Städten sind es immerhin 75 %.

Diese Zahl, gepaart mit der Tatsache, dass wir Deutschen nicht zu den gastfreundlichsten Völkern zählen, wird in ihrer Konsequenz brisant. Viele Menschen meinen, Pensionäre und Rentner, Behinderte, Inhaftierte sowie Ausländer nehmen uns etwas von unserem Kuchen weg. Rein monetär betrachtet, stimmt dies sicher auch. Dennoch sollte über diesen Überlegungen auch jenes Grenzen sprengende Prinzip der Barmherzigkeit und der Nächstenliebe gegenüber jedermann stehen. Anderenfalls besäßen diese Gruppen in unserer Gesellschaft keine Lobby und würden durch viele soziale Netze fallen.

Wir Seelsorger betreuten die ausländischen Gefangenen, so sie denn wollten, einfach mit, ohne einen – wie auch immer gearteten – Missionsgedanken im Hinterkopf zu haben. An meiner Bibelgruppe nahmen oft auch Moslems oder Juden teil. Niemals gab es dabei irgendwelche Probleme mit anderen Inhaftierten.

Einige Religionsgemeinschaften schickten an den hohen Festtagen ihre Geistlichen in die Anstalt. Da diese Geistlichen über keine Anstaltsschlüssel verfügten, mussten die Pfarrämter oder die sozialpädagogischen Abteilungen die entsprechenden Gottesdienste und Gebetsstunden organisieren und begleiten. Dieser fehlende Status belastete uns zeitlich sehr, was zur Folge hatte, dass stets kostbare Zeit verloren ging.

Ab und an sah ich, wie der Botschafter eines x-beliebigen Landes durch die Anstalt geführt wurde. Man stellte ihm bei dieser Gelegenheit kurz seine eigenen Landsleute vor. Diese konnten dann in ihrer Landessprache über die Verhältnisse im Knast schimpfen, mehr geschah meist nicht.

Was passiert aber nun mit den ausländischen Inhaftierten und mit den Inhaftierten mit Migrationshintergrund nach ihrer Entlassung? Sofern sie nicht umgehend abgeschoben werden, fallen sie oft automatisch in einen obskuren ausländerrechtlichen Duldungsstatus und werden so von fast allem ferngehalten, was das Leben ausmacht. Hierzu zähle ich ein Recht auf Arbeit, auf Freizügigkeit und auf Perspektiven für sie und ihre Familien.

Grundsätzlich muss bedacht werden, dass jeder Mensch, der mit Folter oder Verfolgung bedroht wird, ein Recht auf Asyl haben sollte. Und dies ohne Wenn und Aber.

Ansonsten muss es auch die Möglichkeit eines Abschiebens aus Barmherzigkeit geben. Denn wenn jemand nicht arbeiten darf, wird er sich nur bedingt die Nase an unseren Schaufenstern platt drücken. Irgendwann geht auch der Aufrechteste hinein ...

Ich plädiere an dieser Stelle für eine stärkere Einbeziehung muslimischer Verbände in die Seelsorge der Inhaftierten islamischen Glaubens. Diese sollte eigenständig erfolgen und vornehmlich in deutscher Sprache umgesetzt werden.

Es gibt keine bessere Vorbildwirkung unter dem Zeichen der Integration, als dass Gefangene sehen, wie der Hodscha mit dem Pfarrer plaudernd Tee trinkt.

Was mir bleibt, sind Erinnerungen und eine tiefe Verbundenheit mit zum Teil bemerkenswerten Menschen aller Nationen und Religionen, die mein Leben und meinen geistigen und spirituellen Horizont ungemein bereichert haben.

Diese Begegnungen möchte ich, trotz aller Enttäuschungen, niemals mehr missen. Oder wie es in einer alten jüdischen Legende heißt:»Gott hat den Menschen geschaffen, weil er Geschichten liebt.«

Gute wie weniger gute, wie ich hinzufügen darf.

Harte Schale – weicher Kern
Über die Ängste von Gefangenen

Ich habe bisher kaum über den Inhalt meiner Gespräche mit Inhaftierten gesprochen.

Irgendwie drehte sich alles immer um eine wie auch immer geartete Form der Angst.

Die Angst davor, die Frau oder Freundin zu verlieren. Die Angst davor, im Knast zu sitzen und draußen könnten Familienangehörige sterben.

Ja, die Angst davor, selbst im Knast zu sterben.

Diese Ängste sind nicht einmal übertrieben. Wie oft mussten wir Gefangenen die Botschaft vom Tod eines Familienangehörigen überbringen. Das tut niemand gern, zumal Trauer im Gefängnis in keiner gesunden Art und Weise ausgelebt werden kann.

Weder bekommt der Gefangene deswegen seine Strafe erlassen, meist darf er ja nicht einmal zur Beerdigung. Er hört die Nachricht – und keiner spricht mit ihm darüber. Niemand fängt seine Trauer auf und geht auf ihn ein.

Natürlich taten wir, was möglich war.

Hatten wir die Zeit, setzten wir uns in die Kirche und zündeten eine Kerze an. Doch auch wir kamen nicht darum herum, ihn früher oder später wieder in seine einsame Zelle zu sperren. Der deutsche Strafvollzug sichert jedem Gefangenen Einzelunterbringung zu. Da sitzt der Trauernde dann und ist mit seinen Gedanken allein.

Manchmal berichteten uns Gefangene davon, was da so in ihren Köpfen vor sich ging. Bei anderen brach es später heraus.

Erich Schulze war so einer, er war das, was sein Name bereits ausdrückte, ein Urberliner. Hilfsarbeiter in einem Motorradwerk. Bis auf eine alkoholbedingte Schlägerei mit schlimmem Ausgang lebte er auch bislang völlig unauffällig. Seine Mutter war verstorben. Aber augenscheinlich hielt sich seine Trauer in Grenzen.

Er bat mich, da er bereits »gelockert« war (er befand sich in der Phase der Vollzugslockerung in Vorbereitung auf ein Leben in Freiheit) und die Anstalt für Stunden verlassen durfte, um Begleitung zur Beerdigung seiner Mutter. Die Bestattung sollte ich übernehmen.

Ich sagte zu, nahm aber noch einen Kollegen mit, damit wir beide nicht so ganz allein vor dem Grab standen.

Am Tag vor der Beerdigung offenbarte mir sein zuständiger Sozialarbeiter, dass der Schulze unbedingt vorher die Plattenbauwohnung seiner Mutter räumen müsse, da er als eingetragener Untermieter gegenüber der Wohnungsbaugesellschaft dazu verpflichtet sei. Es sollte aber nicht lange dauern, da kaum etwas zu räumen sei.

Um 9.00 Uhr früh fuhren wir also zu besagter Wohnung in den Stadtteil Hohenschönhausen. Um 14.00 Uhr sollte die Beerdigung auf einem städtischen Pankower Friedhof stattfinden.

Wir hatten also genug Zeit, dachte ich.

Gemeinsam mit meinem Pfarrerkollegen im korrekten schwarzen Dienstanzug fuhren wir also früh los. Ich hatte noch meinen Talar für die Beerdigung dabei, und Schulze kam in dem, was er für angemessen hielt, eine saubere Jeans und Sweatshirt.

Der Schock kam mit dem Öffnen der Wohnungstür. Beißender Geruch schlug uns entgegen. Die Wohnung war völlig verdreckt, und die Schränke brachen voller Messigut förmlich auseinander. Alles war voller noch eingeschweißter, nagelneuer Katalogware. Hunderte bunter Schürzen, Kleider und Tischdecken. So etwas hatte selbst ich noch nie gesehen.

Hier brach Schulze das erste Mal zusammen. Auf seine Art. Er lief einfach raus. Ich hinterher. »Was soll das Schulze, wo wollen Sie denn hin?«

»Na weg, was sollen wir denn hier mit dem ganzen Krempel anstellen?«

»Wissen Sie«, entgegnete ich, »dass Sie die ganze Entrümpelung sonst bezahlen müssen? Und wenn Sie das nicht können, kommt obendrein noch eine Ersatzfreiheitsstrafe auf Sie zu.«

Langer Rede kurzer Sinn, die Pfarrer entledigten sich ihrer schwarzen Dienstkrawatten und der Jacketts, krempelten die Ärmel hoch und machten sich, zusammen mit einem maulenden Schulze, ans Werk.

Wir schoben unten einen Müllcontainer an den Fahrstuhl, oben wurde er mit den Sachen vollgepackt, und das Ganze wurde unten direkt vom Fahrstuhl aus in den Container geworfen.

Dabei blickte ich, schweißgebadet, permanent auf die Uhr. Saß uns doch der feste Zeitpunkt der Urnenbeisetzung im Nacken.

Wir haben es geschafft, gerade so, und sahen buchstäblich aus wie die Schweine. Von oben bis unten völlig verdreckt. Waschen war in dem verkeimten Badezimmer auch nur bedingt möglich. Ja, ich hatte den Eindruck, selbst das aus den Hähnen laufende kalte Wasser war irgendwie schmutzig.

Die Berliner Form des sogenannten »Armenbegräbnis« war eher ein Akt, jemanden zu »entsorgen«, als ihn zu bestatten. Auf die Minute genau kam ein Friedhofsangestellter wie aus dem Nichts hervor. Äußerlich sah er genauso schmuddelig aus wie wir. Wenigstens hatte er augenscheinlich etwas zum Trost getrunken. Das passte auch mehr zu dieser grotesken Situation. Die Urne in der einen Hand, rief er, ohne auch nur irgendjemanden anzusehen, laut:»Urne Schulze.«Und lief los. Wir hinterher. An dem makabren Loch, das Ähnlichkeit mit einem Golfplatzloch hatte, senkte er die Urne ab mit den genuschelten Worten:»Zur letzten Ruhe bitte.«

Nun begann mein Part – aber es fing an zu regnen. Mein Kollege spannte einen großen Schirm auf, damit meine Unterlagen nicht nass wurden.

In dem Moment, als ich mit dem 23. Psalm,»Der Herr ist mein Hirte«, beginnen wollte, schmiss sich Schulze an meinen Arm, begann zu weinen und schrie immer lauter in Richtung der Grabstätte:»Was hab ich dir nur angetan ...«

Er hörte gar nicht mehr auf. Der Friedhofsbeamte hingegen verzog keine Miene. Mein Kollege hielt hinter mir den Schirm auf, und Schulze klammerte sich weiter an meinen Arm.

Kurz: Ich habe auf meine Predigt verzichtet und ließ ihn reden.

Immer wieder und immer wieder, den einen Satz, bis er nicht mehr konnte:»Was hab ich dir nur angetan ...«

Man selbst ist nach so etwas völlig fertig. Solche Emotionen lassen niemanden kalt. Für Erich Schulze war es das Beste, was ihm in dieser Situation passieren konnte.

So viel Zeit hat sich wohl noch nie ein Mensch für ihn genommen.

Als ich abends nach Hause kam, schaute mich meine Frau nur fragend an.»Armenbegräbnis – ihr habt wohl selber buddeln müssen?«

Eine andere Geschichte: Einmal brachten sie mir einen Gefangenen, dessen Namen ich nie erfahren habe.»Er muss mal ganz dringend telefonieren«, sagte der Beamte und verschwand gleich wieder aus meinem Büro. Wortlos schob ich ihm mein Telefon über den Schreibtisch. An mir hatte er wohl kein Interesse.

Während des Telefonats bekam ich mit, dass er gerade frisch inhaftiert war und unbedingt seine Freundin anrufen musste. Die beiden sprachen eine Weile miteinander, dann legte er auf und ließ sich wortlos von mir auf seine Zelle bringen. Am nächsten Tag dasselbe Spiel.

Irgendwann dann, als ich mal keine Zeit für ihn hatte, schickte ich ihn eine Tür weiter zu meinem katholischen Kollegen. Ich bemerkte allerdings, dass die Zeit, die er benötigte, um seine Freundin irgendwo ans Telefon zu bekommen, immer länger dauerte.

Eines Tages, er war wieder bei mir gelandet, bekam er sie überhaupt nicht mehr an die Strippe.

Verzweifelt telefonierte er sein kleines Notizbuch hoch und runter – umsonst.

Nach einer halben Stunde vergeblicher Versuche äußerte ich ein kleines Zeitproblem meinerseits.

»Können es ja morgen noch einmal versuchen.«

Darauf lief er laut aufschreiend mit gesenktem Kopf direkt gegen meinen Büroschrank, dass es nur so krachte.

»Ich bleibe jetzt so lange hier drin, bis ich sie bekomme«, sprach er und steckte sich vor meinen Augen eine Rasierklinge in den offenen Mund. Da er weiter auf mich einschrie, begann sofort das Blut zwischen seinen Lippen hervorzutreten.

An diesem Tag nahm ich mir viele Stunden für ihn Zeit. Meinem katholischen Kollegen, der zufällig in mein Büro kam, gelang es abends, ihm die Rasierklinge zu entlocken.

Eines war dem Gefangenen spätestens an dieser Stelle aber klar geworden. Seine Freundin war weg – und das wahrscheinlich für immer. Und er selbst hatte eine lange Zeit in der JVA zu verbringen.

Psychologen hätten jetzt gesagt: »Er ist angekommen.« Angst, Verzweiflung und Ohnmacht waren die Inhalte unserer Gespräche.

Sein eigener Tod ein anderes.

Ja, ich habe leider auch Inhaftierte im Sterben begleiten müssen. Es ist nicht immer so, dass die Zeit ihrer Erkrankung für eine Entlassung ausreichte, um rechtzeitig ein Gnadengesuch zu stellen. Und wo sollten sie auch hin? Also kamen sie ins Krankenhaus.

An dieser Stelle muss ich einfügen, dass ein relativ junger Gefangener die Zeit der Inhaftierung gewissermaßen auf einer Pobacke absitzt.

Er lebt so ungesund, wie er das draußen auch getan hat. Er raucht viel, nimmt irgendwelche Drogen und bewegt sich kaum an der frischen Luft.

Wie gesagt, mit 20, mit 30 und wenig mehr steckt man dies irgendwie ganz gut weg.

Aber die Älteren. Kaum Bewegung, zu fettes Essen, kaum Obst und Gemüse. Keine freie Arztwahl, keine Kurbehandlungen. Dazu stundenlanges Fernsehen in verqualmten Zellen. Keine Spaziergänge.

Man muss an dieser Stelle noch hinzufügen, keine Möglichkeit, in den dunklen Stunden voller Ängste mal von irgendwem in den Arm genommen zu werden.

Das alles ist eine Mixtur, die einen älteren Inhaftierten von seinen Batterien zehren lässt.

So wird er irgendwann krank.

Ich bin kein Arzt und habe darüber keine Statistik geführt. Aber ich war dann oft das letzte Glied in der Kette. Wie oft habe ich gerade ältere Gefangene in der Lungenklinik besucht. Dabei ging es dann nur noch um Fragen des Todes. Das war auch eine der Urängste von Inhaftierten, mit den Füßen zuerst aus Tegel herausgetragen zu werden, ohne noch einmal jemals die Freiheit erblickt zu haben.

Auch wenn Strafe natürlich sein muss, sollte so etwas nicht die Regel werden. Der Strafvollzug ist heute noch nicht auf die immer größere Anzahl immer älter werdender Gefangener eingerichtet. Eine JVA ist kein Altersheim, müsste sie aber – in vielen Fällen zumindest. Wie wir mit Behinderten, Ausländern, Gefangenen, Kranken und Alten umgehen, gibt den Grad unserer Zivilisation an. Es ist nicht nur ein Akt der Barmherzigkeit, sondern auch ein Akt der Fairness und Solidarität, einem gehandicapten Menschen zu helfen, egal, wo er sich gerade befindet.

Ein anderes großes Thema war die angesprochene Ohnmacht. Da ergehen irgendwelche Entscheidungen, die über den Inhaftierten getroffen werden.

Anträge auf Verlegung in den offenen Vollzug etwa werden abgelehnt oder Anträge auf Wiederaufnahme des eigenen Verfahrens. Eigentlich gibt es im Leben eines Inhaftierten pausenlos etwas, was im Vollzug abgelehnt wird. Der Gefangene selbst bekommt diesen Bescheid ausgehändigt und hat nun eine bestimmte Frist, Widerspruch einzulegen. Nur, dazu muss er den Bescheid natürlich erst einmal verstehen.

Der Sozialarbeiter, den er fragen könnte, ist entweder krank oder hat keine Zeit in dieser Minute. Wie soll er auch? Der Inhaftierte allerdings, ohnehin schon mit wenig Frustrationstoleranz versehen, benötigt aber sofort eine Antwort.

Ich bin hier ganz ehrlich, ich kann die schwierigsten Texte verstehen und deuten – ist ja auch mein Beruf. Doch juristische Schreiben machen auch mich zumeist sprachlos.

Da haben Sie dann so ein hoch erregtes Bündel Mensch vor sich zu sitzen, wollen sich konzentrieren und selbst verstehen – nichts ...

Also rufen wir seinen Anwalt an. Ich hab es ja auf den Wunsch der Gefangenen hin immer wieder getan, obwohl ich wusste, dass es häufig zwecklos war.

Der Anwalt war ständig bei Gericht oder in einer wichtigen anderen Besprechung, würde aber sofort zurückrufen. Märchen sind wahrhaftiger.

Natürlich konnte ich diese Gefangenen in ihrem Zustand niemals zurück in den Zellentrakt bringen, so hoch erregt und aggressiv sie waren.

Und das ist dann Seelsorge im besten Sinn des Wortes. Den Seelenmüll des Menschen zu entsorgen, der ihn von allein nicht mehr losgeworden wäre.

Allerdings kann Seelsorge auch süchtig machen.

Robin Stark, jener Häftling, der sich einmal voller Entsetzen auf einer Überwachungskamera nicht erkennen konnte, war so ein Fall.

Um die 40, dunkle lange Haare, sah er ganz passabel aus. Er hatte sogar Charme und Humor – wenn er drogenfrei war. Im Gefängnis gelang ihm das nicht immer. Dann war er dermaßen aufgekratzt, dass er es sich ganz schnell mit allen Mitarbeitern und Psychologen verscherzte.

Mich eingeschlossen. Das hinderte ihn aber nicht daran, in solchen hohen Erregungszuständen immer wieder zu mir zu kommen.

In unserer Ordination zum Pfarrer haben wir gelobt, keinen Hilfesuchenden von uns zu weisen. Eine nicht sehr alltagstaugliche Dienstanweisung von oben, wie ich Jahre später und auch in diesem Fall feststellen sollte.

Natürlich wurden Robin unter diesen Umständen fast alle Anträge abschlägig beschieden. Es gab dann für ihn drei Möglichkeiten: zu krakeelen und ab in den Bunker (besonders gesicherter Haftraum), Drogen zu nehmen oder sich zum Pfarrer schließen zu lassen.

Im letzten Fall saß er dann bei mir, jammerte oder schrie mir die Ohren voll und ließ sich nur schwer wieder runterfahren.

Am Ende solch einer Aktion war er selbst so ausgelaugt, dass er unbedingt und sofort etwas Süßes brauchte. Ein Phänomen, was ich in der Folge öfter bei drogenabhängigen Inhaftierten bemerken sollte.

Irgendwann sollte er entlassen werden, und er ließ sich nur von mir eine Wohnung suchen. Nichts schien ihm recht. Es war zum Verzweifeln, denn der Zeitpunkt seiner Entlassung rückte immer näher.

Schließlich überraschte er mich eines Tages mit der freudigen Nachricht, dass ein Kumpel von ihm weit außerhalb Berlins für ihn eine Bleibe gefunden hatte.

Mir fiel ein Stein vom Herzen. Ein anderes Bundesland.

So blieb ihm (und er uns) Tegel für die nächsten Jahre erspart.

Ich will jetzt nicht sagen, dass am Tag seiner Entlassung in der Anstalt unter den Bediensteten ein Fest gefeiert wurde – aber die Stimmung war danach.

Erinnern Sie sich noch an meine vorhin genannte These, dass Seelsorge auch süchtig machen kann?

Ein paar Wochen später jedenfalls rief mich ein völlig aufgelöster Sozialarbeiter einer mir unbekannten Stadt an. Bei ihm sitze ein tobender Herr Stark, der mich unbedingt sofort sprechen müsse, ansonsten könne er schon mal das SEK holen.

»Herr Pfarrer, holen Sie mich sofort aus diesem Kacknest hier raus, lieber will ich wieder nach Tegel, als in diesem Kuhdorf zu bleiben ...«

834 damalige Tegeler Mitarbeiter hätten mich gelyncht, hätte ich das wirklich initiiert.

Natürlich war ich bereit, ihm weiterzuhelfen. Aber was macht man mit solchen Menschen, die irgendwann den Anschluss an ein normales Leben völlig verlieren? Selbst ein betreutes Wohnen oder ein Leben in einer anderen Einrichtung scheitert oft schon daran, dass solche armen Geschöpfe ständig ein Gegenüber brauchen, an dem sie sich reiben können bzw. dem sie die Schuld eigenen Versagens in die Schuhe schieben können. Das alles ist Ausdruck völliger Hilflosigkeit und auch ein verzweifelter Hilferuf.

Manchmal gab es allerdings auch seelsorgerische Sternstunden mit leicht schadenfroher Attitüde. In zwei Fällen – ich weiß, das ist statistisch nicht repräsentativ, sondern purer Zufall – beichteten mir zwei Inhaftierte mit rechtsradikalem Hintergrund, dass in beiden Fällen ihre Großmütter sie auf ihren jüdischen Lebenshintergrund ansprachen. Ja bei einem war der Vorfahr sogar noch Kantor in einer jüdischen Vorkriegsgemeinde.

Für beide war es der pure Schock. Sie hatten sich in der Folge, auch nach vielen Gesprächen mit mir, nicht als jüdisch geoutet, geschweige denn ihre rechte Gesinnung abgelegt. Der eine Inhaftierte wurde auf seiner Station obendrein noch infolge eines Streits als schwul bezeichnet.

»Herr Pfarrer«, sagte er zu mir, »wenn die rauskriegen, dass ich Jude bin und dann noch schwul, kann ich mir einen Strick nehmen.«

Es machte mich in den weiteren Gesprächen mit ihm sehr wütend zu erfahren, dass man als Jude Adolf Hitler lieben kann. Ich bin sicher, dass der Gefangene seine Identität nicht aus dem Judentum gezogen hatte, sondern natürlich aus der Zugehörigkeit zu einer starken rechtsradikalen Gruppe.

Zum Glück lernte er in der Haft über eine Annonce ein nettes Mädchen kennen, das zu diesem Thema überhaupt keine Fantasie aufbringen konnte. In unseren gemeinsamen Gesprächen während der Sprechstunden war seine braune Gesinnung dann auch kein Thema mehr und wurde auch nicht mehr angesprochen.

Da hatte ich mir vorher über Stunden den Mund fusselig geredet, und dann kommt so eine junge Dame und vertreibt binnen weniger Augenblicke den braunen Nebel aus seinem Kopf. So sollte Seelsorge sein!

Ich habe die Gespräche, die ich in meiner Zeit als Seelsorger im Strafvollzug geführt habe, nie gezählt, mir irgendwelche Aufzeichnungen gemacht oder Statistiken geführt. Das war keine Strategie, sondern einzig und allein der Tatsache geschuldet, dass ich meinen Alltag nicht noch mehr verkomplizieren wollte.

Alles, was man schreibt, muss ja irgendwo abgeheftet werden. Dazu benötigt man Aktenordner, und für diese braucht man irgendwann einmal riesige Schränke.

Ich habe während meiner letzten Jahre als Landespfarrer für Gefängnisseelsorge unserer Kirche von Amts wegen viele Schreibtische meiner Kollegen bewundern dürfen.

Die meisten von ihnen waren dermaßen überladen, dass es schon respektvoll aussah.

Etliche klagten darüber, dass sie nie ihren Schreibtisch abgearbeitet bekämen.

Meiner war immer leer.

Ein Telefon, notgedrungen ein PC und meine Kaffeetasse.

Das entsprach auch meiner inneren Haltung. Der Gefangene hatte bei mir ein Recht darauf, den Eindruck zu haben, dass ich heute nur für ihn – und wirklich nur für ihn – da war. Und das aufzuschreiben, was uns im Gespräch verband, verbot sich von selbst.

Dafür haben mir die Gefangenen geschrieben. Manche direkt nach einem Gespräch, manche viel später. Ich habe Hunderte von Briefen erhalten. Manche waren rührend, manche voller Dank. Aber es gab auch viele mit regelrechten Beschimpfungen, und zwar immer dann, wenn wohl auch mein Zauber versagt hatte.

Viele Briefe habe ich aufgehoben. Sie werden mich weiter begleiten.

Gerne würde ich sie den Inhaftierten heute zurückgeben und sie fragen, was sie mir heute schreiben würden.

Wie ist es denn bei uns? Nehmen mit zunehmendem Alter denn etwa unsere eigenen Ängste oder destruktiven Befindlichkeiten ab? Immerhin hatten unsere Inhaftierten immer noch jemanden, an den sie ihre Briefe schicken konnten – und von dem sie wussten, dass er sie auch liest ...

Wer ist die Schönste im ganzen Land?

Die Frauen der Gefangenen

Um es bereits vorweg zu sagen: Für dieses Kapitel werde ich wohl die meiste Prügel beziehen. Männer können ja schon dumm sein, aber die Dummheit sich unterordnender kleiner Frauchen, wie ich sie erleben durfte, ist bestimmt nicht zu überbieten. Das sage ich deswegen so knallhart, weil ich fast körperlich mit ihnen gelitten habe.

Den meisten Frauen begegnete ich in den bereits erwähnten Sondersprechstunden des Pfarramtes. Diese Sonderbesuche gewährte ich nach der ersten Zeit aus Gründen des vielfachen Missbrauchs fast nur noch, wenn kleine Kinder im Spiel waren oder wenn in den Familien Krankheits- oder Todesfälle vorkamen.

Vor Jahren drehte der Sender ARTE einen Film über unsere Arbeit in Tegel. Der Kameramann benötigte noch ein paar sogenannte Standbilder, also ruhige Einstellungen ohne Bewegungsabläufe. Dabei beobachtete er, wie die Frauen der Gefangenen die Anstalt betraten, um in das Sprechzentrum zu gelangen. Sie wollten dort ihre Männer treffen. Nach den Dreharbeiten sagte er zu mir: »Den nächsten Film werde ich unbedingt über Knacki-Bräute drehen.«

Er fand das Bild, das sich ihm bot, äußerst exotisch. Anders kann man es auch nicht ausdrücken. Der Gefangene hat den Anspruch an seine Partnerin, dass sie ihn als die schönste Frau der Stadt im Gefängnis besucht. Oft wurde mit dieser

»Hübschen« auch vor anderen Gefangenen und den weiblichen Bediensteten angegeben. Die Frau, die zu Besuch in die JVA kam, versuchte, dieser Rolle zu 100 Prozent gerecht zu werden. Nun lässt sich sicherlich über Geschmack streiten. Dennoch hätte ein Stilberater mit manchen alle Hände voll zu tun gehabt.

Manche sahen einfach zum Schießen aus. Superkurze Röcke unter superknappen T-Shirts. Und das Ganze getragen auf überdimensionierten High Heels, die kaum eine beim Laufen »beherrschte«.

Sie haben recht, das muss nicht unbedingt schrecklich sein, aber spätestens an dem Punkt, wo man die abgedrehte Maskerade und Show erkennt, wendet man sich als normaler Betrachter ab. Die Frauen »meiner« Knackis verkleideten sich in einer Form, von der sie annahmen, dass ihre Männer so etwas attraktiv finden könnten, und deren Feedback fiel dann auch durchaus positiv aus.

Für viele Männer sind Äußerlichkeiten wichtig, und Frau hat eben schön zu sein. Und was schön ist, bestimmen sie dann bei dem ihrem Ideal entsprechenden Frauentyp auch noch selbst. Im Knast aber sah das Ganze dermaßen billig aus, dass ich schon versucht war, korrigierend Rat zu geben, was ich letztendlich aber unterließ, weil mir ihre zwischenmenschliche Beziehung nämlich mehr am Herzen lag.

Die Gefangenen waren oft leider nicht in der Lage, auf sich aus Gesprächen ergebende Probleme zu reagieren. Wenn z. B. die Frauen schilderten, wie sehr sie unter der Situation der Inhaftierung des Partners litten. Oft genug kam dazu der Ärger mit den Vermietern wegen der ausbleibenden Miete oder Probleme wegen nicht bezahlter Telefon- und Stromrechnungen. Die Gefangenen gingen meist mit keinem Wort darauf ein, sondern jammerten ihren Frauen die Ohren voll, dass ich oftmals klarzustellen versuchte, wer hier die wirklich Bestraften waren. Ganz eindeutig die labilen Partnerinnen, die allein auf sich gestellt das Leben mit ihren Kindern in der sogenannten Freiheit, ohne das Geld ihrer Männer, meistern sollten.

Außerordentlich ärgerlich reagierte ich auf die vielen unverschämten Konsumwünsche der Inhaftierten an ihre Frauen. Da wurden schon mal schicke Lederjacken oder Jeans aus Katalogen ausgeschnitten und fordernd präsentiert. Die Frauen wussten oftmals selbst nicht, wie sie über die Runden kommen sollten. Geschweige denn, wie sie solch anmaßende Wünsche befriedigen konnten.

Und dann das Thema Kinder: Über meine Beobachtungen, wie bereits kleine Kinder wie junge Hunde kommandiert und dressiert und dies mit Erziehung verwechselt wurde, habe ich schon gesprochen. Kinder, die mit Süßigkeiten ruhiggestellt wurden, anstatt dass sich der Papa mal herabgelassen hätte, mit den Kleinen im Pfarramt herumzutoben. Zeit und Platz dafür waren ausreichend vorhanden.

Natürlich wusste ich, dass ich bei vielen dieser Treffen einfach nur störte. Aber so waren nun einmal die Bestimmungen im Knast. Ich musste unmittelbar anwesend sein. Paare, die sich etwas zu sagen hatten, störten sich auch nicht an meiner Person. Andere, die sich nichts mehr zu sagen hatten, bekamen den Mund überhaupt nicht mehr auf. Oft dachte ich darüber nach, wie lange wohl solche stummen Partnerschaften noch Bestand haben würden.

Hinzu kam noch ein anderer Aspekt. Viele Gefangene lernten über ihre Kumpels irgendwelche Frauen kennen. Oftmals waren das Familienangehörige, vor allem Geschwister. »Du, die hat ein Bild von dir gesehen und möchte dich unbedingt einmal im Knast besuchen.«

Später kamen diese Frauen dann in den Knast, und ich stellte nach kurzen Momenten fest, dass hier irgendetwas nicht stimmte. Sie passten einfach nicht zusammen, sei es vom Aussehen, von der Größe oder vom Alter. Vom Intellekt oft ganz zu schweigen.

Hinter Gittern nahm sich der Gefangene einfach, was er bekommen konnte. Ein Inhaftierter äußerte dazu:

»Erst werden die schönsten Mädchen weggeheiratet, dann nimmt man die Geschiedenen und ganz zum Schluss einfach das, was man kriegen kann.«

Ein anderer Gefangener sagte mir:

»Welche normale Frau würde sich schon einen Knacki aussuchen?«

Mich ärgerte dabei massiv die Tatsache, dass bei den Männern vielfach nur auf Zeit und egoistisches Eigeninteresse gespielt wurde. Damenbesuch zu bekommen, ist wunderbar. Dadurch ist das Weihnachtspäckchen gesichert. Bin ich aber erst einmal wieder draußen, such ich mir eine »richtige« Frau. So das Kalkül vieler Inhaftierter.

Die Frauen hingegen glaubten fast immer an die große Liebe, die ihnen da vorgegaukelt wurde. Und sie waren bereit, Opfer zu bringen. Ja, das waren sie, und ihre Opfer waren groß. Ich habe wöchentlich die Meldungen der Torbeamten gelesen, worin verzeichnet war, wie viele verbotene Gegenstände, wie etwa Handys, Bargeld oder Drogen, bei den Kontrollen im Eingangsbereich gefunden wurden. Die armen Frauen hatten in der Regel mit Strafverfahren zu rechnen und bekamen obendrein noch ein Besuchsverbot für viele Monate ausgesprochen. Eine Frau beschrieb mir, wie sie es vor dem

Spiegel geübt hatte, in ihrem Intimbereich Drogen zu verstecken. Keine Beamtin darf dorthin ihre Eingangskontrolle ausdehnen. Im Knast angekommen, wurde mit ähnlichem »Geschick« das Ganze wieder hervorgeholt, ohne dass dies irgendjemand bemerkte. Dennoch war das Risiko, erwischt zu werden, für die Frauen riesengroß.

Was die Männer von ihren Frauen verlangten, möchte ich an einem Beispiel verdeutlichen.

Erik, ein 34 Jahre alter Inhaftierter, der für die heutige Zeit untypische lange Haare trug, suchte seit Langem den Kontakt zu mir. Er besaß ein freundliches Wesen, war äußerst aufmerksam und seiner Umgebung sehr zugewandt. Er bat nach kurzer Zeit des Kennenlernens um Aufnahme in meine Bibelgruppe. Ich bemerkte bald, dass religiöse Fragen nicht sein Ding waren. Dies war mir aber egal. Er schien begeistert von meiner Art zu sein, suchte das intensive Gespräch und wollte mich später unbedingt seiner Freundin vorstellen. Von seiner Sozialarbeiterin erfuhr ich, dass Erik früher ein Drogenproblem hatte, nunmehr aber clean sei.

Wochen später lud ich die Freundin ins Pfarramt ein und stellte fest, dass zwischen beiden eine sehr innige Verbindung bestand. So gingen viele Wochen ins Land, Erik besuchte fleißig die Bibelgruppe und meine Gottesdienste. Ab und an besuchte ihn seine Freundin im Pfarramt, und ich freute mich darüber, augenscheinlich etwas Positives in seinem Leben bewirkt zu haben.

Eines Tages eröffnete er mir, dass er ein ausgemachter Fan einer 70er-Jahre-Band aus Kalifornien sei. Daher auch seine wallenden blonden Haare. Schließlich rückte er mit der Sprache heraus. Er fragte mich, ob ich nicht einmal bei seiner Freundin vorbeifahren könnte, um ein paar Musikkassetten dieser Gruppe abzuholen. Seine Freundin dürfte ja so etwas bei einem Besuch nicht mitbringen. Nach einem kurzen Sicherheitscheck im eigenen Kopf konnte ich nichts Argwöhnisches an dieser Bitte entdecken. Also fuhr ich eines schönen Tages nach dem Dienst in eine der finstersten Berliner Quartiere nahe dem Herrmannplatz, ins tiefste Neukölln.

Ich erklomm mehrere Treppen eines Hinterhauses und klingelte. Nach einigen Sekunden ertönte aus dem Inneren der Wohnung das tiefe Knurren eines großen Hundes. Die Tür ging auf. Ich blickte in einen dunklen Flur, direkt in die Augen eines riesigen Kampfhundes, der, zu meinem Glück, an einem riesigen Gummiknochen kaute. Aus den Augenwinkeln bemerkte ich etwas Irritierendes, was ich zunächst nicht zuordnen konnte. Hinterher ist man immer schlauer. Ich betrat also den Flur und bemerkte zu meiner Bestürzung, dass wohl nicht nur der riesige Hund mein Problem werden würde, sondern gleichermaßen auch die Freundin von Erik.

Nicht nur, dass sie mit nichts anderem bekleidet war als mit einem nur bis zum Bauchnabel reichenden Männerfeinrippunterhemd. Darüber hinaus war sie augenscheinlich mit irgendwelchen Drogen völlig zugedröhnt. In der rechten Hand hielt sie eine brennende Zigarette, an dessen Ende sich bereits eine lange Spitze aus weißer Asche gebildet hatte. Ich folgte ihr wortlos ins Wohnzimmer. Wohlgemerkt, hinterher ist man immer schlauer. Sie setzte sich, ohne die Miene zu verziehen, in einen Sessel und schlief sofort ein. Das Unterhemdchen bedeckte nichts, aber auch gar nichts. Vermeintlich erotische Gedanken wurden im Ansatz vollends durch die im Hintergrund kauernde lebensgefährliche Bestie im Keim erstickt. Ich musste handeln, aber wie und in welcher Reihenfolge? Die brennende Zigarette drohte der Schönheit aus den Fingern zu gleiten, so weggetreten, wie sie war. Meine Angst bestand darin, dass der blöde Hund annehmen könnte, ich würde Frauchen angreifen, und sofort in den Kampfmodus schalten würde, soweit ich mich der brennenden Zigarette auch nur ein Stückchen näherte.

Fieberhaft suchte ich das Zimmer nach Versteckmöglichkeiten ab. Ich machte nur einen hohen Wohnzimmerschrank in der Ecke als geeignet aus. Also, Frauchen die Zigarette aus der Hand reißen, auf den Tisch springen und dann in einem Satz auf den Schrank. Doch wie weiter? Ein Handy hatte ich nicht bei. Wer würde mich vermissen? Einfach um Hilfe rufen. Ein Pfarrer im Zimmer einer halb nackten Frau, zusammen mit einem wilden Kampfhund. Wie sollte das nur gut gehen und vermittelbar sein? Wahrscheinlich rettete mich der Gummiknochen, denn der Hund nahm nicht die geringste Notiz von mir. Frauchens Zigarette erlosch von selbst, einzig und allein blieb der Filter zwischen ihren Fingern klemmen. Mein Problem hatte sich von selbst gelöst. Ich verließ zitternd die Wohnung, zum Glück unverletzt, atmete tief durch und dachte über das Geschehene nach. Sollte ich erpresst werden und irgendwelche Drogen in die Anstalt schmuggeln? Vielleicht war meine nachfolgende Reaktion meiner eigenen Feigheit geschuldet. Ich habe zu beiden sofort den Kontakt abgebrochen und die ganze Geschichte nie wieder angesprochen. Beides wurde von Erik nebst Freundin ohne Kommentar akzeptiert. Erik unternahm keinen Versuch, wieder Kontakt zu mir aufzunehmen. Für mich war das ein Zeichen dafür, dass da wohl mehr im Busche war als eine Frau, die einer Droge zu viel zugesprochen hat.

Konsequenterweise hätte ich dafür sorgen müssen, dass Erik bestraft wird. Aber mir tat die arme Frau leid, die bestimmt keine Freude an der aus dem Ruder gelaufenen Inszenierung gehabt hätte. Außerdem hinderte mich wiederum meine Schweigepflicht, diese Geschichte an die große Glocke zu hängen.

Noch problematischer wurde es bei den vielen reiferen Vollzugshelferinnen, die sich in ihre wesentlich jüngeren Klienten verliebten. Vollzugshelferinnen sind ehrenamtliche Betreuerinnen, die nicht der Justiz unterstellt sind.

Ich mag hier keine Zahlen nennen, dennoch vermute ich nach Dutzenden Erlebnissen, dass bei etlichen Vollzugshelferinnen eine andere Motivation vorlag, als ausschließlich die zweckfreie professionelle Betreuung von Gefangenen. Vollzugshelfer, männlich wie weiblich, sollten von der Sache her eine Brücke nach draußen sein. Eine tragfähige Verbindung zu einer Welt jenseits von Knast und vergitterter Wirklichkeit. Sie sollten die ersten Schritte in die Freiheit des Gefangenen ebnen oder diese auch begleiten. Behördenbesuch und Ämterkontakte könnten den Inhaftierten mit ihrer Hilfe leichter fallen. Wer keine Angehörigen hatte, griff oft auf einen Vollzugshelfer zurück.

Alle Vollzugshelfer werden eingehend geschult, bevor sie eine Anstalt betreten dürfen. Grundvoraussetzung war eine professionelle Einstellung zu Nähe und Distanz gegenüber den Inhaftierten. Persönliche Liebesbeziehungen wurden zu Recht nicht geduldet.

Ich beteiligte mich aktiv an vielen Schulungen dieser Vollzugshelfer. Der erste Eindruck beim Betreten eines neuen Kurses entlockte mir jedes Mal ein Lächeln. Etlichen Frauen sprang förmlich ein Helfersyndrom aus den Augen.

Bei den Männern waren häufig Gutmenschen vertreten, die kein Hehl aus ihrer Meinung machten, dass nur wenige Gespräche notwendig seien, um einen aus der Bahn geworfenen Menschen wieder ins richtige Gleis zu schubsen.

Auch wenn es sich nur um eine Minderheit handelt, habe ich später viele Tränen von Vollzugshelferinnen trocknen müssen, die sich einbildeten, von ihren Klienten heiß und innig geliebt zu werden.

Da spielten sich jedes Mal Tragödien ab, zumal die Gefangenen kaum verstanden, warum ihre Vollzugshelferinnen nach einer Enttäuschung einfach wegblieben. Solch ein Szenario hatten sie bereits zur Genüge erlebt. In wichtigen Phasen ihres Lebens brachen die stützenden Sozialkontakte einfach weg. Die Eltern trennten sich, die Kinder kamen zu den Großeltern. Wenn das nicht mehr ging, wurden sie in irgendein Heim abgeschoben.

Viele Inhaftierte, die dieses Schicksal teilten, erzählten mir von massivem sexuellen Missbrauch in jenen Einrichtungen, und nicht nur verübt von männlichen Erziehern.

Eine erfahrene und kompetente Vollzugshelferin gestand mir nach über 30-jähriger Knasterfahrung:

»Hier geht alles nur ums Ficken.«

Ich halte das nicht einmal für einen abwertenden Spruch. Gerade hinter Gittern habe ich bemerkt, wie sehr sich Männer und Frauen nach einer funktionierenden Partnerschaft sehnen, obwohl die Vorstellungen um den Inhalt solcher Beziehungen bei den Beteiligten weit auseinanderliegen. Gerade in der Einsamkeit einer Zelle wird alles andere völlig unwichtig, Hauptsache, es gibt da draußen jemanden, der mich liebt und der zu mir hält.

Den Frauen da draußen schien es nicht viel anders zu ergehen. Also suchten sie sich einen Partner, der ihnen nicht weglaufen konnte und sie obendrein auch noch begehrenswert fand.

Tragfähig waren solche fragilen Beziehungen kaum. Dennoch entwickelten sich die investierten Hoffnungen oft umfänglicher, als der gesunde Menschenverstand es gebot.

Ich möchte an dieser Stelle noch ein Klischee bedienen. Ein Gefangener meiner Bibelgruppe berichtete eines Abends darüber, dass er in eine bekannte Berliner Zeitung unter der Rubrik Kontakte folgendes Inserat gesetzt hatte:
»Frank, 35, Bankräuber, Größe 185.«
Nicht mehr und nicht weniger. Er hätte, so seine Aussage, daraufhin über 100 Briefe von Frauen erhalten. Allein schon wegen der beigefügten Fotos hatte sich für ihn diese Aktion gelohnt.

Meine Skepsis nahm er zur Kenntnis, ging aber nicht weiter darauf ein. In der folgenden Woche knallte er dann in der Bibelgruppe mit zufriedener Miene einen großen Stapel Briefe mit einliegenden Fotos auf den Tisch. Die Briefe habe ich zwar nicht gelesen, dafür wurden aber unter großem Gejohle meiner »frommen« Gefangenen die Fotos herumgereicht. Es handelte sich ausschließlich um Bilder von Damen jeglichen Alters in äußerst luftigen Posen.

Derartige Erfahrungen sollte ich in den folgenden Arbeitsjahren noch des Öfteren machen. Selbst im Pfarramt gingen Anrufe von Frauen ein, die diesen oder jenen Inhaftierten, von dem sie gehört oder gelesen hatten, unbedingt kennenlernen wollten.

Als weitaus problematischer stufte ich allerdings solche Anfragen ein, wo Mütter den Mördern oder Vergewaltigern ihrer Töchter »verzeihen« wollten und dafür über mich den Kontakt suchten. Ich habe die Motivation dieser Frauen nie so recht verstanden. Außerdem wusste ich von etlichen dieser Gefangenen, dass bei ihnen gar nicht die Bereitschaft für einen Täter-Opfer-Ausgleich bestand.

Besonders schlimm erging es den weiblichen Bediensteten, die sich auf eine Beziehung mit einem Inhaftierten einließen. Sie galten als erpressungsgefährdet. Ihre Beziehungen wurden stets im Verborgenen geführt und konnten kaum als tragfähig eingestuft werden. Viele Beamtinnen vertrauten sich in diesen Situationen mir an. Ich bemühte mich um eine Versetzung in eine andere Anstalt. Anderenfalls hätten sie um ihren Arbeitsplatz bangen und ihren Beamtenstatus verlieren können. Zudem hätten sie mit einer Anzeige rechnen müssen.

Dennoch scheint es sich bei all diesen aufgeführten »Missbräuchen« wie mit den Flugzeugen zu verhalten. Wir wissen, dass sich Abstürze nie ganz vermeiden lassen und besteigen die Flieger trotzdem. Vollzugshelferinnen wie Beamtinnen oder Freundinnen sind lebenswichtig für die Menschen hinter Gittern. Dafür lohnt es sich, mit den relativ wenigen Missbräuchen zu leben.

Ich erinnere mich in diesem Zusammenhang gerne an André, der mich eines Tages darum bat, seine neue Anzeigenbekannte bei mir im Pfarramt zu treffen. André war ein lieber, ziemlich großer Inhaftierter, der eine relativ kurze Haftstrafe absaß. Er besaß gute Chancen auf ein straffreies Leben nach der Haft. Ich ahnte, dass das Beste, was ihm passieren könnte, eine liebe Freundin wäre. Da er keinerlei Drogenprobleme hatte und er mich bei dem ersten Treffen unbedingt an seiner Seite wissen wollte, willigte ich ein. Nachdem ich die junge Dame, die mindestens genauso aufgeregt war wie André, vom Eingangsbereich abgeholt hatte, ließ ich die beiden bei geöffneter Tür im Nebenzimmer zur Begrüßung für eine Minute allein. Kurze Zeit später stutzte ich, es war kein Laut mehr zu vernehmen.

Misstrauisch und das Schlimmste befürchtend stürzte ich ins Nebenzimmer. Doch das Bild, das sich mir darbot, war äußerst rührend. Beide standen sich wortlos gegenüber und bekamen vor Aufregung keinen Ton heraus.

Zu dritt fanden wir zum Glück recht schnell wieder ins Gespräch zurück.

Ein Jahr später habe ich die beiden getraut. In meiner Traupredigt besaß diese Anfangssequenz aus meinem Büro ihren festen Platz. Beide haben sich hoffentlich bis heute noch viel zu sagen.

Ich habe zwischenzeitlich festgestellt, dass nichts einen jungen Mann besser und mehr stabilisiert als eine feste und funktionierende Partnerschaft. Kaum eine Frau würde kriminelle Aktivitäten ihres Liebsten dulden, und kein Mann möchte die Freiheit mit seiner Traumpartnerin gegen einen wiederholten Knastaufenthalt eintauschen.

Das Problem besteht eben nur darin, wer da auf wen trifft. In einer funktionierenden Beziehung kann ein Partner im besten Fall die Defizite des anderen kompensieren. Wenn aber zwei sehr fragile Persönlichkeiten aufeinandertreffen, sind Konflikte vorprogrammiert.

Ein weiteres Konfliktpotenzial besteht in der Länge der Haftzeit. Ich habe erleben müssen, dass in den ersten Monaten der Inhaftierung die meisten tragfähigen Beziehungen einfach wegbrechen. Zuerst kommen die Kumpels nicht mehr zu Besuch, später bleiben auch die Freundinnen und Ehefrauen weg. Die Gefangenen trösten sich dann meist mit solchen Sprüchen wie:

»... Draußen geht das Leben eben weiter.« Oder:

»... Die hat eben auch ihre Bedürfnisse.«

Mir ist es nie gelungen, dafür zu sorgen, dass sich Trennende wieder vereinen. Das ist so wie mit den Reisenden. Aufhalten kann man sie schon, hindern aber nicht.

Ich fand es jedes Mal besonders fair und mutig von den Frauen, wenn sie nicht einfach wegblieben, sondern sich bei mir im Pfarramt von ihren Freunden und Männern fürs Leben verabschiedeten. Derartige Begegnungen gingen auch mir unter die Haut. In diesen Situationen gab es auf meiner Seite nichts, was Hoffnung verbreiten konnte. Ich musste einfach mit den Lachenden lachen und mit den Weinenden weinen, wie es in der Bibel heißt.

Unter diesem Vorzeichen und in äußerst seltenen Fällen habe auch ich Vollzugshelferinnen unterstützt, die sich in ihre Klienten verliebt hatten. Kaum jemand wird besser auf eine Beziehung vorbereitet als durch viele Stunden intensiver Gespräche. Ich habe stets darauf gedrungen, eine solche Beziehung auf einen im Gefängnis vernünftigen Status zu heben, also Freundin statt Vollzugshelferin zu sein. Den Inhaftierten hat dies nie so recht gefallen, weil Vollzugshelferinnen, ähnlich wie Anwälte, sich in nicht überwachten Räumen mit ihren Bezugspersonen treffen konnten. Normale Besucher, wie Freundinnen oder Eltern, begegnen sich nur in überwachten Räumlichkeiten.

Dennoch war und bin ich der Meinung, dass Heimlichtuerei kein tragfähiges Fundament für eine Beziehung sein kann.

In der Rückschau auf meine Dienstzeit ist mir noch ein anderes Phänomen aufgefallen. Gefangene werden von ihren Partnerinnen besucht, seltener von den Müttern, am allerwenigsten aber von den eigenen Schwestern.

»Seit Jahren kein Kontakt mehr«, war die lakonische Antwort auf meine diesbezüglichen Fragen. Wahrscheinlich lassen solcherart desolate Familienverhältnisse Männer auch leichter in die Kriminalität rutschen. Das einmischende Korrelativ von in der Regel weniger kriminellen weiblichen Familienmitgliedern fehlte einfach.

Ja, die Frauen haben für reichlich Ärger und Aufregung gesorgt, darüber hinaus mir aber auch viele wunderbare und ergreifende Momente beschert.

Wer sonst noch so mitmischt
Fachdienste und Mitarbeiter

Natürlich arbeiteten wir Seelsorger nicht im luftleeren Raum, sondern im Verbund mit anderen Fachdiensten und Mitarbeitern des Strafvollzugs. Wen immer man zu diesen Diensten noch hinzuzählt, so waren doch die Sozialarbeiterinnen und Sozialarbeiter neben den Beamtinnen und Beamten des allgemeinen Vollzugsdienstes (früher despektierlich »Schließer« genannt) unsere ersten und wichtigsten Kooperationspartner.

Die Stationsbeamtinnen und -beamten, die unmittelbar den täglichen Erstkontakt zu den Gefangenen hatten, waren über jede Form der Zusammenarbeit dankbar. Das ging oftmals auf dem ganz kurzen Dienstweg. Anruf:

»Pfarrer, hast du Zeit? Hier hängt jemand richtig durch.«

»Gut, bringen Sie ihn runter, ich schließ ihn nachher selber wieder weg.«

Unzählige Male gestaltete sich der tägliche Kontakt so. Ich habe unter diesen Kolleginnen und Kollegen viele wertvolle Menschen getroffen, die ein weites Herz besaßen und deren Fell noch nicht so dick gewachsen war, dass sie zu keiner emphatischen Regung mehr fähig waren. Gefangene haben sie oft anders eingeschätzt und meist sehr abwertend über sie gesprochen.

Sicher verhielten sich viele Kolleginnen und Kollegen mir gegenüber anders als Inhaftierten gegenüber. Das ist aber völlig normal. Sie waren schließlich jene, zu deren Aufgabe es gehörte, Gefangenen nicht nur »aufzuschließen« und sie mit der sogenannten »Lebendkontrolle« in den Knastmorgen zu schicken, sondern sie mussten diese nach der Arbeit, dem Hofgang oder dem Arztbesuch auch wieder »wegschließen«. Derjenige, der mir in diesem Moment die Freiheit nimmt, avanciert automatisch zu meinem Gegner. Manchmal taten sie mir schon leid. Es gab fast wöchentlich Aktionen, wo Inhaftierte sich über irgendeine völlig korrekte Entscheidung eines Beamten derart aufregten, dass sie sich vom selben Mitarbeiter unverzüglich zum Pfarrer zur Beruhigung bringen ließen. Anschließend betraten sie quietschvergnügt wieder den Zellentrakt.

Die einen waren die Guten, die anderen die Bösen. Kaum jemand konnte sich diesen Denkschablonen entziehen.

Mein Respekt gegenüber den Beamtinnen und Beamten war jedenfalls groß, vor ihren Tätigkeiten und den sich daraus ergebenden Belastungen. Ich weiß, dass es ihnen durchaus Probleme bereitet, dass wir die Guten und sie quasi per Amt die Bösen sind, über die man sich bei den vermeintlich guten Pfarrern beschweren konnte.

Dieser Konflikt wird sich, je mehr am Betreuungspersonal gespart wird, weiter verschärfen. Es ist zu erwarten, dass sich der Druck auf die einzelnen Kolleginnen und Kollegen derart erhöhen wird, dass diese gar nicht mehr die Zeit aufbringen können, sich einem Gefangenen gegenüber »behandlerisch«, also im Gespräch, widmen zu können.

Aber natürlich gab es auch die anderen. Die zynischen, die angefressenen, diejenigen, die innerlich längst gekündigt hatten und sich schon morgens, beim Betreten der Anstalt, vor den Gefangenen ekelten.

Oftmals zeigten gerade diejenigen der Kolleginnen und Kollegen menschliche Größe, die am häufigsten Zielscheibe des Spottes der Gefangenen und deren Besucher waren. Gerade die Frauen und Männer, die in den Pfortenbereichen des Gefängnisses arbeiteten, wurden regelmäßig von hypernervösen und hoch aggressiven Besuchern »angepampt«. Sie mussten die Besucherinnen und Besucher auf Waffen, Geld oder Drogen kontrollieren. Sehr oft fanden sie auch etwas, und wenn es nur ein »vergessener« 10-Euro-Schein im rechten Schuh war.

Gerade diese Mitarbeiter deeskalierten so manche brenzlige Situation. Regelmäßig riefen sie uns an, wenn ausländische Familienangehörige von weit her die JVA in Berlin aufsuchten, um ihren inhaftierten Kindern oder Brüdern den Tod eines Familienmitgliedes mitzuteilen. Die Angehörigen setzten sich oft ins Flugzeug, ohne sich angemeldet zu haben oder im Besitz des nötigen und genehmigten Sprechscheins zu sein.

»Pfarrer, wir haben hier einen Todesfall. Hast du Zeit?«

Kurz und schmerzlos erledigten sie die notwendige Eingangsprozedur, und ich holte die angereisten Angehörigen von der Eingangspforte ab. Man ließ mir für diese Besuche so viel Zeit, wie ich benötigte. Ich verständigte mich kurz mit den Angehörigen, wer die jeweilige Nachricht überbringen und diese dann auch aussprechen sollte. In der Regel wollten sie das selber tun. Anschließend musste ich den Inhaftierten ausfindig machen.

»Herr X, Sie haben Besuch. Kommen Sie doch bitte mit«, waren meine Worte.

Im ersten Moment freute sich der Inhaftierte, dann durchzuckte ihn der Gedanke, dass er doch gar keinen Besuch eingeladen hatte.

»Mein Papa oder meine Mutter?«, war dann oft die bange Frage. Hier half kein Leugnen. Stumm nahm ich sie in den

Arm und geleitete sie in mein Büro. Dort stand nun die Familie, schwarz und in Trauer. Man umarmte sich, und irgendeiner sprach die schmerzlichen Worte aus.

Ich wich keine Sekunde von ihrer Seite, wusste ich doch nie, was sich vielleicht im Laufe der Jahre angestaut hatte und nun womöglich drohte, sich zu entladen. Die Trauerarbeit und die Reaktionen auf solche Tragödien waren je nach Herkunft der Gefangenen sehr unterschiedlich. Deutsche Inhaftierte redeten sich ihre Trauer und Anspannung förmlich von der Leber, ließen die Angehörigen kaum zu Wort kommen und landeten recht schnell wieder bei Knastthemen. Je weiter östlich der Gefangene beheimatet war, desto ruhiger fielen in der Regel seine ersten emotionalen Äußerungen aus. Man hielt sich im Arm, ohne große Worte zu machen, weinte ein wenig. Nach etwa einer Stunde aber hatten die meisten keine Kraft mehr.

»Pfarrer, ist gut, danke. Bringen Sie mich bitte zurück.«

Stunden später suchte ich sie in ihren Zellen erneut auf. Oft saßen sie einfach nur da und litten still für sich. Die meisten hatten keine Lust auf ein Gespräch. Manche baten mich, im Gottesdienst eine Kerze für das verstorbene Familienmitglied anzuzünden. Einige gingen auch sofort mit mir in die Kirche, um das zu tun und ein stilles Gebet zu sprechen.

Es waren auch für mich jedes Mal schwere Minuten, einfach nur stumm neben einem Trauernden zu sitzen, in der Gewissheit, ihn gleich wieder alleine in seiner Zelle lassen zu müssen.

Ich glaube, Todesnachrichten zu überbringen oder sie im geschlossenen Vollzug von draußen zu erhalten, geht bis an die Grenzen des Erträglichen. Die Gefangenen können weder Abschied nehmen noch richtig trauern. Sie können auf keinen

Menschen zurückgreifen, der sie im Arm hält, falls die Erinnerung und die Trauer sie übermannt. Ihr Leben geht einfach schonungslos weiter, wird durch nichts anderes als den Tegler Trott unterbrochen.

Wurden die Beamten, auf Nachfrage und Zustimmung des Gefangenen, erst einmal eingeweiht, zeigten sie in der Regel viel Verständnis und ermöglichten durch kleine Gesten so etwas wie das Erfahren von Anteilnahme. Da wurde schon einmal während der »Zählzeit« die Zelle offen gelassen, um dem Trauernden zu ermöglichen, mit seinen Angehörigen telefonieren zu können. Auch bat man beim Pfarrer oder dem Sprechzentrum um Sondersprechstunden, damit die Angehörigen noch einmal ihren Sohn sehen konnten. Oftmals durfte der Trauernde auch in einem Beamtenbüro sitzen, bloß damit er aus seiner Zelle herauskam. Ich selber verteilte für die Nacht großzügig Tabak und gab dem Spätdienst zur Sicherheit noch etwas davon ins Büro. An Schlaf war für die meisten sowieso nicht zu denken.

Einmal brachten die Beamten einen jungen palästinensischen Inhaftierten in mein Büro, dies mit der Frage, ob er einmal dringend telefonieren dürfte. Auslandsgespräche waren nämlich nicht von den Diensttelefonen aus möglich. Nur dem Pfarrer wurde dies eingeräumt.

Ich hielt gerade eine Sprechstunde ab, ein junges Paar war in ein Gespräch vertieft. Doch sie hatten nichts dagegen einzuwenden, zumal es sich um verschiedene Nationalitäten und somit um unterschiedliche Sprachen handelte.

Ich kannte den jungen arabischen Gefangenen, seine Familie lebte in einem Lager im Libanon, und ich musste ihm leider vor einigen Monaten mitteilen, dass seine Schwester verstorben war.

Er rief also nach Beirut an und wurde nach einem kurzen Gespräch fürchterlich blass. Äußerst fahrig legte er den Hörer auf.

»Herr Pfarrer«, sagte er, »diesmal ist mein kleiner Bruder gestorben. Ich halte das nicht mehr aus, ich häng mich jetzt weg.« Er eilte zur Tür, um sich von dem Beamten zurück in seine Zelle bringen zu lassen.

Was sollte ich tun? Ich konnte ja aufgrund der Sprechstunde mein Büro nicht verlassen. In der Tür drehte sich der junge Palästinenser zu mir nochmals um und ermahnte mich:

»Sie haben ja Schweigepflicht!«

Ich ließ ihn laufen in der Gewissheit, dass er sich in den nächsten Minuten wirklich etwas antun würde. Der offizielle Werdegang wäre eine sofortige Benachrichtigung des zuständigen Beamten. Der würde dann Alarm auslösen und den Inhaftierten in einen besonders gesicherten Haftraum (Gummizelle) bringen lassen, wo man ihn mit Handfesseln fixieren würde, damit er um die technische Möglichkeit gebracht wurde, sich etwas anzutun. Aufgrund meiner Schweigepflicht kam dies für mich nicht infrage. Auch mein letzter Arbeitstag im Knast wäre damit eingeläutet worden.

Zum Glück brachte das in meinem Büro sitzende Pärchen viel Verständnis auf. Wir brachen die Sprechstunde ab, und ich hastete auf die Zelle des Jungen. Zum Glück saß er da, zwar in tiefer Trauer und weinend, aber er lebte! Das sprichwörtliche Häufchen Elend, aber besser als anders ...

Wir verbrachten in seiner Zelle so viele Stunden zusammen, dass es schon auffiel. Aber was blieb mir anderes übrig? Zum Schluss gab er mir das halbherzige Versprechen, sich nichts anzutun. Wir hatten beide eine schlaflose Nacht. Am nächsten Morgen eilte ich nach dem Betreten der Anstalt sofort wieder in seine Zelle, das Schlimmste erwartend. Er kam auf mich zu, blass und übernächtigt, und umarmte mich kurz mit einer Entschuldigung auf den Lippen:

»Ich ahne, wie es Ihnen heute Nacht erging, Pfarrer. Aber Sie müssen mich auch verstehen. In den Libanon darf ich als Flüchtling nie mehr zurück. Jahr für Jahr kann ich nur darauf warten, dass wieder irgendeiner stirbt …«

Ich habe diesen Fall später einem Kirchenjuristen anonym geschildert, um herauszufinden, was für Konsequenzen mein Verhalten gehabt hätte. Die Antwort:

»Hätten Sie sich einer Schweigepflicht-Verletzung schuldig gemacht, hätten wir ein Verfahren zur Amtsenthebung anstrengen müssen. Umgekehrt aber, im Fall eines Suizides, hätte die Anstalt Sie wegen unterlassener Hilfeleistung anzeigen müssen. Sie hätten verurteilt und inhaftiert werden können. Aber keine Angst, wir hätten Sie dort besucht!«

Eine anderes Aufgabenspektrum tat sich mit der Weiterbildung auf. Eine Vollzugsanstalt könnte man nämlich auch als eine große Bildungseinrichtung verstehen. Viele ausländische Inhaftierte lernten hier zum ersten Mal schulisches Deutsch und legten ihren Gassenslang ab, den sie zwangsläufig mit der deutschen Sprache verwechseln mussten.

Andere holten Schulabschlüsse nach, sozusagen als Türöffner in eine völlig neue Welt. Sie erlernten handwerkliche Berufe, vom Koch bis hin zum KFZ-Mechatroniker. Sie wurden Elektriker und behoben einen Teil der Kurzschlüsse des eignen Lebens.

Die Werkmeister legten oft eine Engelsgeduld an den Tag, die ihnen so schnell keiner nachmachen konnte. Auch hier klappte der kurze Dienstweg hervorragend. Zum Beispiel immer dann, wenn nur während der Arbeitszeit eines Inhaftierten eine Sprechstunde mit der Ehefrau möglich war. Manchmal waren auch sogenannte »Seelsorgequickis« vonnöten, deren tieferen Sinn ich anfangs nicht verstand. Dann rief mich ein Werkmeister mit der Bitte an, ich müsste einen Inhaftierten sofort abholen, da Gefahr im Verzug sei.

Also stiefelte ich los, über die Entfernungen innerhalb der Anstalt sprach ich ja bereits, holte den Inhaftierten von seinem Ausbildungsbetrieb ab und führte ihn in mein Büro.

Und wenn ich dann, innerlich aufgewühlt, daran dachte, dass gleich eine Welt zusammenbrechen würde, entgegnete der Gefangene mir mit schonungsloser Offenheit, dass er unter einem sagenhaften »Suchtdruck« leiden würde und er sich mit meiner Hilfe runterfahren müsse. Wir plauderten dann zehn Minuten über Gott und die Welt, wobei Gott weit weg blieb und die Welt sich immer auf den Planeten Tegel bezog. Dann stand der Gefangene unvermittelt auf, bedankte sich, und ich brachte ihn in seinen Betrieb zurück.

Schlauer bin ich leider nicht geworden. Worin seine Motivation bestand, mich gerade in diesem Augenblick sprechen zu müssen, blieb mir bis dahin verborgen. Irgendwann traute ich mich, nach dem »Sitz im Leben« des Begriffs »Suchtdruck« zu fragen. Die Antwort fiel banal und kompliziert zugleich aus. Jenem Inhaftierten wurden von anderen Gefangenen Drogen angeboten, und er schätzte sich als noch nicht so stark ein, um ohne Hilfe auf sie verzichten zu können. Ich kann mich an dieser Stelle nur bei den Bediensteten bedanken, die auf solch exotische Anliegen so klug und besonnen reagierten.

Mit Werkbeamten und Mitarbeitern des allgemeinen Vollzugsdienstes sowie mit Sozialarbeitern habe ich viele sogenannte »Ausführungen« begleitet. Grund hierfür waren meist Todesfälle oder Besuche bei Angehörigen, die im Krankenhaus lagen. Oftmals handelte es sich aber auch um die ersten Ausführungen, die ein Gefangener nach vielen Jahren der Haft erhält. Sie dienen der Vorbereitung für Vollzugslockerungen, zur Vorbereitung der Entlassung.

Der Gefangene wird getestet und kann sich mit unserer Hilfe ausprobieren, ob es ihm gelingt, sich wieder relativ frei in der Welt draußen zu bewegen.

Die Situation war anfangs oft sehr angespannt. Die Angst des Gefangenen bestand unter anderem darin, dass er meinte, in der U-Bahn von allen Mitfahrern angestarrt und geoutet zu werden. Die Angst der Beamten hingegen bestand darin, ob der Gefangene versuchen würde, sich zur Flucht zu entschließen. Meist entspannte sich die Situation aber bald.

Viele Gefangene berichteten mir über die ersten Minuten, dass da draußen alles so bunt, laut und hektisch sei. Angst. Ich habe erlebt, dass ich mit relativ jungen Männern nach 10 bis 12 Jahren zum ersten Mal wieder vors Tor ging. Einige hatten sich etwas Geld gespart. Sie wühlten am Tag vor der Ausführung in ihrer Habe aus der Hauskammer und suchten sich die schicken Sachen heraus, die sie bei ihrer Festnahme getragen hatten.

Nun erzählen Sie heute mal einem jungen Mann, er soll die Sachen von vor 10 Jahren noch einmal tragen. Gehen wir davon aus, dass sie durch Zufall noch passen würden. Exotisch und nicht mehr in die Zeit passend wären sie allemal.

Auf der Straße vor der JVA angekommen, gingen wir zum U-Bahnhof, und der Gefangene sah zum ersten Mal einen Fahrkartenautomaten. Alle sichtbaren Knöpfe fehlten. Es folgte eine Kurzeinweisung in die Bedienung eines BVG-Automaten ...

Auch musste ich mit ansehen, wie mir ein älterer niederländischer Inhaftierter zur Ausführung gekleidet mit einem fliederfarbenen seidenen Trainingsanzug, mit ebensolchen Turnschuhen, entgegentrat. Gefühlte 1.000 Mal musste ich ihm auf dem Weg ins nächste Warenhaus versichern, dass er schick aussehe und überhaupt nicht auffalle. Mir fiel ein Stein vom Herzen, als er eine halbe Stunde später recht passabel gekleidet die Umkleidekabine eines nahen Geschäftes wieder verließ. Gefangene ließen sich auch gern von den sie begleitenden Sozialarbeiterinnen beraten. Offenbar hatte der Pfarrer doch keinen so stilsicheren Geschmack, was die neuzeitliche Mode anging.

Klamottenkauf war für die Erstausgeführten so etwas wie ein Initiationsritus, um wieder in der normalen Welt aufgenommen zu werden. Leider war der zweite Einkauf viel sinnloser. Fast alle Inhaftierten kauften sich dann für sie völlig überflüssige riesengroße Smartphones, die sie nicht einmal mit in die Anstalt bringen durften. Sie wurden in besonderen Schließfächern gelagert und konnten erst bei der nächsten Ausführung wieder benutzt werden. Auch gab es oftmals niemanden, mit dem sie hätten telefonieren können. Zudem waren die Akkus bei der nächsten Nutzungsmöglichkeit völlig leer, weil der nächste Ausgang erst Wochen später stattfand. Irgendeine Werbung hatte ihnen wohl suggeriert, dass man/Mann in der freien Welt an der Größe seines Handys gemessen wird.

In diesem Zusammenhang fiel es ebenfalls kurios auf, dass Inhaftierte, die auf Flucht waren, also in der Regel nicht pünktlich von ihrem Ausgang zurück in die Anstalt kamen, über ihre Handys geortet und ausfindig gemacht wurden. Sie hätten sich einen »Tatort« im Fernsehen diesbezüglich aufmerksamer ansehen sollen.

Weitaus schwieriger gestalteten sich der Kontakt und die Zusammenarbeit mit den Psychologinnen und Psychologen der Anstalt. Irgendwie beherrschte noch altes Misstrauen und eine gewisse Form der Konkurrenz das Verhältnis zwischen ihnen. In der Praxis gestaltete es sich auch schwierig, mit ihnen zusammenzuarbeiten.

Da betreut man als Seelsorger über viele Jahre einen Gefangenen und glaubt, ihn gut zu kennen. Auf einer bestimmten Etappe der Inhaftierung erhält ein Psychologe dann die Aufgabe, ebenjenen Gefangenen psychologisch zu begutachten. Sei es, weil eine Verlegung in den offenen Vollzug ansteht, sei es, weil ein Inhaftierter geprüft werden soll, ob er zum ersten Mal ausgeführt werden kann.

Es handelt sich also um ziemlich existenzielle Einschnitte im Leben eines Gefangenen. Da geht es dann wirklich um Jahre, um die er zurückgeworfen werden könnte, sollte das Gutachten negativ ausfallen. Vor fast jedem dieser Schritte wurde solch ein Gutachten gefordert. Dem psychologischen Dienst stehen dafür nur wenige Tage und Gespräche zur Verfügung. Oft entscheidet die Aktenlage, welche wiederum das subjektive Produkt eines Vorgutachters darstellt.

Die Gutachter werden sicher hoch motiviert und professionell auf ihre Aufgaben vorbereitet. Was allerdings in den Konferenzen von ihnen zum Teil vorgetragen wurde, ließ mich oft daran zweifeln, ob wir wirklich vom selben Gefangenen sprachen.

Sicher ist, dass niemand wirklich in einen Menschen hineinschauen kann. Ein gewisses Restrisiko des Irrtums bleibt immer in der Beurteilung von Menschen bestehen.

Leider lagen unsere Beurteilungen und Einschätzungen bezüglich einer Sozialprognose so weit auseinander, dass man einfach auf stur schalten musste. Stur in jenem lutherischen Sinne von:

»Hier stehe ich und kann nicht anders.«

Für den Gefangenen besaß diese Beurteilung allerdings eine viel größere Tragweite. Jede nun folgende psychologische Begutachtung schloss sich der vorhergehenden an. Jeder Gutachter las die Gefangenenakten von vorn und wurde somit von seinen Kollegen aus den Vorjahren bereits gebrieft. Denn warum sollte der sich geirrt haben? Jenes Prinzip: »Im Zweifel für den Angeklagten«, galt nicht mehr.

Vielleicht müssen wir mit diesen Spannungen leben. Es nützt überhaupt nichts, den jeweils anderen in seinem Job zu verunglimpfen oder für einen Trottel zu halten. Der Advocatus Diaboli ist in einer unerlösten Welt eben nicht wegzudenken und leider oftmals notwendig, um ein faires Gleichgewicht der Interessen und Ansichten herzustellen.

Letztendlich möchte ich jenen blutjungen Psychologinnen und Psychologen nur eines mit auf den Weg geben, nämlich dass akademische Titel sich gerade in der Psychologie nur mit einer dazugehörigen Portion an erlebter Menschenkenntnis mit den Jahren voll entfalten können. Und das gilt nicht nur für die Fachrichtung Psychologie.

Zwei kurze Begebenheiten, die nicht alltäglicher Natur waren, sollen noch einmal das gute Zusammenwirken mit den Kolleginnen und Kollegen der Fachdienste unterstreichen.

Die erste Ausführung nach langen Jahren der Haft eines Gefangenen stand bevor. Der Anstaltsleiter wollte auf Nummer sicher gehen und wies an, dass nicht nur ein bewaffneter Beamter nebst verantwortlicher Sozialarbeiterin die Ausführung begleiten sollten, sondern auch der Pfarrer wegen seiner langjährigen Kontakte zu diesem Inhaftierten.

Wir waren alle ein wenig nervös. Mit dem Taxi ging es in den Wedding. Die Besuchsadresse gehörte einem alten Freund des Inhaftierten, der der Anstalt seit vielen Jahren durch seine Besuche bekannt war. Wir kamen dort gut an, und die stille Beklommenheit löste sich nach und nach. Wir tranken Kaffee und quälten uns durch die Uraltgeschichten längst vergangener Zeiten. Plötzlich stand der Freund mit den Worten:»Kommt mal mit«, auf und führte uns ins Nebenzimmer. Was sich in diesem Zimmer befand, weiß ich heute nicht mehr. Das war im Nachhinein auch uninteressant, dominierte doch ein riesengroßes Terrarium den Raum.

Darin, ich traute meinen Augen kaum, lag eine ausgewachsene Riesenschlange vom Kaliber Jurassic-Park. Der Freund wollte wohl ein wenig angeben, langte hinein und holte das Urvieh aus seinem Biotop heraus. An seinen Augen sah ich, dass er sich seiner Sache, was wohl nun passieren würde, auch nicht besonders sicher war. Wie würde dieses Höllenwesen jetzt wohl reagieren? Plötzlich, und für uns völlig unerwartet, reichte er seinem inhaftierten Freund das Vieh mit den Worten:»Hier, nimm du mal.«

Spätestens an dieser Stelle muss ich einflechten, dass ich seit fast 20 Jahren erfolgreich den Berlin-Marathon mitgelaufen bin. Normalerweise wäre ich an dieser Stelle weggerannt. Nur befand sich mit uns im Raum auch eine junge Sozialarbeiterin, zu der ich ein ganz herzliches kollegiales Verhältnis hatte. Später habe ich ihr gesagt, dass ich sie, und nur sie, in jedem Fall vor dem Ungetüm gerettet hätte …

Doch zu diesem Zeitpunkt schauten wir uns nur entsetzt und wortlos an, der Zeitpunkt und die Chance eingreifen zu können, war bereits vertan. Ich sah schon die Überschrift der Bildzeitung vor Augen:
»Pfarrer schickt biblische Plagen! Inhaftierter bei der Ausführung vor den Augen seines Seelsorgers von Riesenschlange erwürgt!«
Doch wir handelten professionell. Mit ruhigen und deeskalierend wirkenden Worten redeten wir auf die Schlange und den Gefangenen ein, worauf dieser den Lindwurm elegant ins Terrarium zurückgleiten ließ.

Das waren Augenblicke, in denen man eigentlich nur alles falsch machen konnte. Wäre der am schlimmsten anzunehmende Fall eingetreten, hätten alle auf uns mit den Worten eingedroschen:
»Wie habt ihr so etwas nur zulassen können?«

Auch Gefangene sind manchmal sehr gefährdet. Davon handelt auch die zweite Begebenheit. Ein etwa 45 Jahre alter, untersetzter und Autorität verströmender Inhaftierter wollte mich sprechen. Während wir versuchten, miteinander warm zu werden, fragte ich ihn beiläufig, wie lange er noch in Tegel bleiben müsste. Meiner Erinnerung nach hatte er nur noch wenige Wochen einer recht belanglosen Strafe abzusitzen.

»Ja, Pfarrer, das muss ich Ihnen unbedingt erzählen. Ich sitze hier wegen des Diebstahls eines Bundeswehr-Lkws aus Strausberg ...«

Na ja, dachte ich, mal wenigstens nichts Ernstes. Doch mein anfängliches Schmunzeln schlug wenige Augenblicke später in blankes, fassungsloses Entsetzen um. Jener Gefangene kam, nach seinen Worten, aus stabilen sozialen Verhältnissen. Hatte eine Frau und eine etwa 12 Jahre alte Tochter.

Er selber war Innungsmeister eines Handwerks und Mitglied eines Berliner Gemeindekirchenrates, also eines Laiengremiums der Gemeindeleitung der evangelischen Kirche. Seinen Worten nach war er ein »frommer Mann«. Nur besaß er ein seltenes Hobby. Alle paar Jahre tobte er sich als Söldner auf irgendeinem fernen Kriegsschauplatz aus. Er trieb sich zur Zeit des Bürgerkriegs im ehemaligen Jugoslawien herum. Er gehörte einer Brigade an, die mit ethnischen Säuberungen beauftragt war. Im Klartext hieß dies nichts anderes, als dass sie die Mütter mit ihren Töchtern aus den Wohnungen und Häusern zu »säubernder« Gebiete herausholten.

»Deren Männer waren ja sowieso fast alle bereits im Krieg.«

Dann stahlen sie ihnen die Videorecorder, Walkmänner und Turnschuhe. Anschließend mussten sie sich am Dorfausgang zur Erschießung vor dem eilig ausgehobenen Graben aufreihen. Besagter Inhaftierter schimpfte bei dieser Schilderung pausenlos auf »Die-da-oben«, die es nicht einmal fertigbrachten, pünktlich den Sold auszuzahlen bzw. rechtzeitig Schaufelbagger zum Ausheben der Erschießungsgräben bereitzustellen.

»Mussten meine Leute alles selber machen!«

Deswegen hatten sie sich die »Prise« (Kriegsbeute) mehr als verdient, so seine Logik. Aus diesem Grund musste er einen Lkw entwenden, um das gestohlene Hab und Gut der Armen zurück nach Deutschland transportieren zu können.

»Und soll ich Ihnen mal was sagen, Herr Pfarrer? Da standen diese jungen Mädchen am Grabenrand und wussten, dass sie gleich vor ihren Schöpfer treten werden. Anstatt nun im Gebet zu versinken, beschimpften sie uns mit solch unflätigen Ausdrücken, die meine Tochter niemals in den Mund nehmen würde.«

Bei diesen Worten erhob ich mich, fassungslos, aber voller Wut, ballte die Faust und wollte sie in einer fließenden Bewegung in seinem Gesicht landen lassen. Ich beugte mich bereits vor, weil zwischen uns mein Schreibtisch stand. Da öffnete sich, genau in dieser Zehntelsekunde, wo das Gehirn der Faust den Befehl gab zuzuschlagen, die Tür meines Büros und ein junger Beamter betrat aus irgendeinem Grund den Raum. Ich schrie nur:

»Raus mit ihm! Bringen Sie ihn um Gottes willen ganz schnell weg!«

Ohne auch nur mit der Wimper zu zucken oder lange nachzufragen, eilte er auf den Gefangenen zu, riss ihn hoch und zog ihn nach draußen. Ja, auch Gefangene leben gefährlich!

Aber ich hätte solch einem Menschen mit meinem Schlag nicht wirklich wehgetan. Was dann allerdings verdientermaßen mit mir passiert wäre, hätte mir viel mehr wehgetan. Entfernung aus dem Dienst sowie ein Verfahren wegen Körperverletzung.

Ich habe abends mit Gott darüber gerungen, ob ich mich beim Schöpfer für meine Entgleisung entschuldigen müsste. Es entspann sich ein interessanter Dialog. Ich werde jetzt nicht sagen, was ich zu hören glaubte ...

Den jungen Beamten lächelte ich fortan dankbar und wissend an. Er lächelte zurück, wir wurden gute kollegiale Freunde. Er hat mich niemals danach gefragt, was in meinem Büro passiert war, wohl um meine Schweigepflicht wissend.

Diese kleinen Geschichten zeigen, dass in jedem von uns bei besonderen Anlässen eine kleine Saite zum Klingen gebracht werden kann, mit unabsehbaren Folgen. Eben war man noch der freundliche Pfarrer, und im nächsten Augenblick ist man drauf und dran, einen Menschen zu schlagen. Wir müssen darum wissen, auch wenn wir gut genug konditioniert sind und vor den eigenen Handlungen Dutzende schützende Zäune aufgebaut haben, die uns im Zweifelsfall davor bewahren würden zu entgleisen.

Ein bekannter Forensiker äußerte in einer Diskussion mit mir einmal den Gedanken, dass alle gravierenden Gewaltstraftaten aus der Summe eines ganz banalen Kausalzusammenhanges heraus erfolgen. Das fängt zum Beispiel damit an, dass man mit dem Chef Ärger hat. Darauf trinkt man mit den Kumpels ein paar Biere und nimmt vielleicht noch irgendwelche Drogen. Später kommt man nach Haus und wird von seiner Frau angenießt. Dann passiert es ...

Wir Menschen sind aufgefordert, immer wieder in unsere innere Gebrauchsanweisung zu schauen, um diesen banalen Ereignissen irgendwo ein Ende zu setzen. Etwa, indem man aufhört zu trinken oder einen langen Spaziergang unternimmt, bis sich wieder klare Bilder im Kopf einstellen. Viele haben das nicht gelernt, nicht ausprobiert und müssen – auch durch Therapien – zwischendurch gestoppt werden. Vielleicht handelte es sich bei der Begebenheit mit jenem Söldner um den letzten wunden Punkt in meinem Leben, welcher diese Saite in mir zum Klingen und zur Aggression gebracht hat. Sichtbare Emotionen hätten es ja auch getan.

Zum Glück ist mir so etwas nicht oft passiert, dennoch ahne ich wohl gar nicht, wie häufig mich Kolleginnen oder Kollegen in dieser Form »gerettet« haben.

Andere Mitarbeiter wollte ich retten und tat ihnen Unrecht. Zu den Fachdiensten, die wir oft um Hilfe baten, gehörten auch die Vertreter der anderen Religionsgemeinschaften und Kirchen, deren Mitglieder bei uns im Gefängnis saßen. Gern erinnere ich mich an die jüdischen Brüder, die ich Kraft meines Schlüssels zu den hohen Feiertagen ihrer Religion in unsere Räume holte. Die jüdischen Inhaftierten waren darüber besonders erfreut, bereitete die Haft ihnen auch so schon immense Schwierigkeiten, ihre Religion zu praktizieren. Es handelte sich also um irgendeinen jüdischen Feiertag, die jüdischen Inhaftierten saßen bei mir bereits in froher Erwartung im Pfarramt. Die Eingangspforte rief mich an und sagte mir, dass die Rabbis da seien. Ich holte sie ab. Dieses Mal besuchten uns Jungrabbis aus New York, die ein kaum zu verstehendes Englisch, Russisch und Hebräisch sprachen. Ich geleitete sie in den Sitzungsraum des Pfarramtes, wo sie freudig von den Gefangenen begrüßt wurden. Ich wünschte ihnen viel Spaß und wollte den Raum verlassen, als ich bemerkte, dass einer der Rabbis zwei Flaschen Sangria aus seiner Tasche holte. Sangria erkennt einfach jeder, schon an seiner bauchigen Flasche und dem bunt-roten Etikett. Also auf Englisch, Russisch und Hebräisch: »Das geht nicht, kein Alkohol hier!«

Der Rabbi ließ nicht locker. Zum Schluss zogen wir beide an jeweils einer Seite der Flasche und beschimpften uns wüst.

Die Inhaftierten schauten uns aus schreckgeweiteten Augen zu. So etwas hatten sie im Knast noch nie erlebt. Ich war stärker!

Nach einer Stunde erfolgte eine frostige Verabschiedung, und ich hoffte, diese Geschichte schnell zu vergessen, da ich an diesem Abend noch meine Bibelgruppe zusammenholen wollte. Als ich das erste Mitglied der Gruppe ins Pfarramt brachte, damit es Kaffee kochen konnte, fiel sein Blick sofort auf die beiden Sangria-Flaschen, die wie zwei Trophäen meinen Schreibtisch zierten.

»Was gibt's denn heute? Muss ich gar keinen Kaffee kochen?«, entfuhr es seinem Mund voller Vorfreude auf einen feuchten Schluck. Ich erzählte ihm stolz die Geschichte meines Sieges über den Alkohol im Gefängnis. Der Gefangene nahm eine Flasche in die Hand und bemerkte: »Wie kommen Sie denn auf Alkohol? Hier steht doch ganz groß: 100 Prozent koscherer Traubensaft.«

Meine Knie wurden weich. Entsetzt nahm ich die Flasche in die Hand. Tatsächlich! Kein Alkohol, nur einfacher, simpler Traubensaft.

Jetzt kommst du in die Hölle, dachte ich, das wird dir dein jüdischer Gott niemals durchgehen lassen, seinen geringsten Dienern Traubensaft aus den Händen gerissen zu haben. Umgehend rief ich die jüdische Gemeinde an und beichtete ihnen meine Schandtat. Brüllendes Gelächter am anderen Ende.

»Haben die Rabbis uns schon erzählt. Wir wollten bereits für Sie sammeln und Traubensaft schicken. Den können Sie von uns auch ohne Handgemenge bekommen!«

Mir fiel ein ökumenischer Stein vom Herzen. Hat der sprichwörtliche jüdische Humor doch meinen strafenden Gott besänftigen können.

Zu dieser Geschichte muss ich allerdings noch anmerken: Ebenjenem Kaffee kochenden Gefangenen schenkte ich eine Flasche des Saftes. Am Ende der Bibelstunde entließ ich die Inhaftierten in ihre Hafthäuser, wo sie sich selbstständig an den jeweiligen Zentralen beim diensttuenden Beamten zurückmeldeten. Minuten später bekam ich den ersten wütenden Rückruf:

»Pfarrer, was fällt dir bloß ein, dem Gefangenen X eine Flasche Sangria mitzugeben?«

Hatte X dem Beamten beim Zurückmelden doch wirklich versichert, der »Sangria« sei vom Pfarrer ...

Gutmenschen an die Front
Ehrenamtliche und ohne Ehren, aber amtlich

Im Gefängnis sitzen nicht nur die größten Exoten und Staatsschauspieler, von ihnen arbeiten auch genug auf der anderen Seite. Selten habe ich so viele skurrile Typen an einem Ort erlebt wie im Knast. Es handelt sich hierbei um ehrenamtliche Vollzugshelfer, Anstaltsbeiräte, freiwillige Gruppentrainer oder selbst ernannte Therapeutinnen mit zweifelhaften therapeutischen Ansätzen. Ehrenamtliche Arbeit wird im Strafvollzug gerne gesehen. Dagegen ist auch nichts einzuwenden.

Die Ehrenamtlichen, die sich in einer JVA bewerben, werden von der Polizei überprüft, ob sie vielleicht ehemalige Straftäter oder sogar Terroristen waren oder ob es sich bei ihnen um Angehörige militanter Gruppierungen handelt. Die Anstaltsleitung selber führt lange Gespräche mit ihnen, hält sie im günstigsten Fall für geeignet. Schon kann es losgehen.

Nach einiger Zeit bemerkt man aber, mit welcher Motivation und mit welchem Hintergrund viele ihrer ehrenamtlichen Tätigkeit nachgehen. Dass ihnen sonst zu Hause die Decke auf den Kopf fällt, halte ich für die harmloseste Version ehrenamtlicher Motivation. Schlimmer wird es schon bei den messianisch angehauchten Helfern. Leider muss ich auch vielen meiner Glaubensbrüder und Schwestern diesen Stempel aufdrücken.

»Jesus kann dich retten«, so sagen sie. »Du musst nur richtig beten oder richtig glauben, dann hilft dir Gott.«

Das ist natürlich vereinfacht dargestellt, aber genau diese Meinung habe ich oft genug hören müssen. Gefangene gieren danach. Ich habe jahrelang solchen Schwestern und Brüdern die Türen des Pfarramtes geöffnet. Manchmal ging es gut, manchmal ging es hervorragend, und manchmal musste ich ihnen zu verstehen geben, dass es besser sei, wenn unsere Wege sich wieder trennen würden.

Das waren oft schmerzhafte Prozesse. Nicht selten wurde das Kind dabei mit dem Bade ausgeschüttet. Regelmäßig kamen Menschen mit irgendwelchen Wunderheilungsvideos von irgendeinem Prediger zu mir, meist aus lateinamerikanischen Ländern. Ihm, so die Videos, sei es gelungen, einen Riesenknast gesund zu beten, sodass hinterher alle bekehrt waren und fortan ein straffreies Leben führten.

Ich habe selber gehört, wie derart Erleuchtete Gefangenen gegenüber erklärten, sie könnten getrost den von Psychologen und Sozialarbeitern aufgestellten Vollzugsplan ignorieren, einzig und allein das richtige Gebet und der richtige Glaube verhelfen zu einer frühzeitigen Entlassung.

Theologisch habe ich mich schon immer gegen solch eine »Sesam öffne dich«-Ideologie gewandt. Ich will, und Gott muss tun. Als ob das, was ich gerade möchte, kompatibel mit dem ist, was Gottes Plan mit mir und meinem Umfeld gerade sein soll.

Gegen Ideologien, auch unter Christen, kann man wenig tun. Überzeugungsarbeit kann man hierbei nicht leisten, weil eine der Seiten blind für die Wahrheit bleibt. Mit Wahrheit meine ich natürlich auch wissenschaftlich fundierte Aussagen über die Welt und den Menschen.

Andere Ehrenamtliche hatten irgendwelche Selbsthilfebücher gelesen und meinten, diese, gepaart mit ihrer eigenen Erkenntnis, den Gefangenen angedeihen lassen zu müssen.

Vorurteile und Militanz werden im Laufe von Jahrhunderten überwunden. Denken wir nur daran, wie lange das Zeitalter der Aufklärung in unseren Breiten brauchte, um arme Menschen davor zu bewahren, von den Kirchen der Hexerei bezichtigt und verbrannt zu werden.

Wie gesagt, Leute mit den krudesten Ansichten, gepaart mit überbordendem Missionseifer, tummelten sich in den Anstalten. Für die Anstalt selber war es schwierig, solch überforderte Zeitgenossen wieder loszuwerden. Ist man erst einmal im Knast, kommt man nicht mehr so schnell aus ihm heraus. Das gilt leider für beide Seiten.

Kritisch habe ich auch die vielen Theaterprojekte gesehen, die im Knast angeboten werden und deren Aufführungen zum Teil auch öffentlich sind. Ich habe junge Regisseure erlebt, die überhaupt keine innere Beziehung, geschweige denn Sympathie oder Empathie den Inhaftierten gegenüber aufgebracht haben. Sie kamen in den Knast, um dort irgendein gefördertes Projekt zu initiieren, um wohl auch selber wieder künstlerisch auf die Beine zu kommen. Das wäre vielleicht noch ein verständlicher Ansatz. Auch die Grundidee an sich ist ja lobenswert. Nur, ich kannte den größten Teil der Gefangenen, einschließlich ihrer Straftaten. Meine Bedenken gingen immer dahin, ob ein Betrüger von einem guten Regisseur weiter in seiner Rolle als Betrüger ausgebildet werden sollte. Oder durften sich Inhaftierte mit besonders gravierenden Straftaten, in der ersten Reihe stehend, beklatschen lassen?
Ich vertrat diese Meinung auch immer der Anstaltsleitung gegenüber. Doch eine interessierte Öffentlichkeit sah in den Aufführungen einen riesigen Resozialisierungserfolg.

Dagegen kam ich nicht an. Wir umgeben uns eben alle gerne mit guten Schauspielern. In Tegel spielten gewissermaßen sogar Staatsschauspieler. Und sie waren in ihren Rollen wirklich perfekt, drinnen in der JVA sowieso, aber leider auch draußen ...

Der traurige Aspekt daran ist aber jene Tatsache, dass viele hervorragende Angebote, die von der sozialpädagogischen Abteilung oder den Kirchen kam, kaum oder nur mäßig von den Inhaftierten angenommen wurden. Eingeladene Philosophen wie Eugen Drewermann oder Schriftsteller wie Günter Grass, interessierten nur wenige. Da kamen Zoodirektoren, oder es spielten hervorragende Musiker eindrucksvolle Konzerte. Es kamen zwar etliche Gefangene, dennoch hätten diese Veranstaltungen fünfmal so viele Besucher vertragen können, was auch den Referenten gegenüber angemessener wäre.

An den Themen und der Musik lag es sicher nie. Ich denke, dass ein übermäßiges Fernsehangebot und dessen Konsum geistig sehr träge machen können. Die Gefangenen achten sehr darauf, möglichst viele TV-Kanäle empfangen zu können. Alle anderen Angebote sind ihnen oft egal. Ich weiß, dass es einem Kampf wie gegen Windmühlenflügel gleichkommt, den man dennoch nicht aufgeben sollte. Wir haben es mit einem gesellschaftlichen Problem zu tun. Die bürgerliche Gesellschaft vertritt oft die Meinung:»Na, wenn die schon fernsehen dürfen ...«

Ich halte es für eine doppelte Bestrafung. Eingesperrt zu sein und dann noch das Vormittagsprogramm der deutschen Privatsender anschauen zu müssen ... Ich weiß, wovon ich rede. Habe ich nämlich die nicht arbeitenden Inhaftierten vormittags in ihren Zellen aufgesucht, so konnte ich in 99 Prozent aller Fälle davon ausgehen, dass der Fernseher in einer Lautstärke lief, die jedes Gespräch unmöglich machte.

Für manchen Inhaftierten glich es schon einem riesigen Resozialisierungsfortschritt zu lernen, bei intensiven Gesprächen auf mögliche Störquellen zu verzichten.

Die Gefangenen indes liebten ihre kleinen Exzentriker und Exoten. Und damit waren all diejenigen gemeint, über die man etwas erzählen oder tuscheln konnte. Die durch ihre Ansichten, ihr Aussehen oder ihr Verhalten aus dem Tegeler Trott ausbrachen und Abwechslung in das geschützte Biotop einer JVA brachten.

Ich selber habe mich innerlich lange Jahre dagegen gewehrt, etwas anderes als der kleine stille, in den Schicksalen seiner Schäfchen »wühlende« Himmelskomiker zu sein. Mein Auftreten war über viele Jahre lang angepasst, meine Predigten unangreifbar und somit sicher oft langweilig. Selbst meine kritischen Anfragen an Gott waren an diesem provokanten Ort von devoter Untertänigkeit geprägt. Aber auch ich durfte im Gefängnis nachreifen, erlaubte mir den Luxus, schillernder zu werden. Mutiger zu zweifeln und unangepasster zu denken. Und das nicht etwa, um mich in anbiedernder Form den Inhaftierten zu nähern. Nein. Einfach deshalb, weil es für einen emanzipierten Seelsorger das Gebot der Stunde ist, an allem zweifeln zu dürfen. Eben weil nur durch diese Dialektik Wahrheit geboren wird. Ich öffnete mich mehr. Die Inhaftierten lernten einen Menschen kennen, der zuvor mit einer Maske der Unnahbarkeit (Berührungsangst) herumlief. Das machte mich angreifbarer, stand doch da plötzlich ein Mensch mit Ecken und Kanten.

Und ich sage Ihnen, an jeder Ecke und Kante haben sich die Gefangenen mit Wonne gerieben. Wir haben uns den intellektuellen Luxus erlauben dürfen, politisch korrektes

Denken durch eine Sprache der Barmherzigkeit und des Verständnisses ersetzen zu dürfen. Bestimmte Wahrheiten haben wir ausgesprochen, obwohl sie nicht in das Schema pseudogutmenschlicher Attitüde passten.

Wenn man zehn Mal einen Inhaftierten mit Sinti-und-Roma-Hintergrund korrekt anspricht und er jedes Mal antwortet:

»Pfarrer, wie oft soll ich dir noch sagen, dass ich ein Zigeuner bin?«, dann wird man ihn beim nächsten Mal natürlich so rufen.

Wenn einem jedes Mal beim Betreten eines bestimmten Flügels einer Teilanstalt ein riesiger schwarzer Inhaftierter mit breitem Grinsen im Gesicht mit den Worten entgegentritt:

»Pfarrer, du bist ja leider immer noch weiß!«, so antwortet man natürlich mit der Drohung, dies jetzt seinem Häuptling sagen zu müssen, wobei beide in ein brüllendes und befreiendes Gelächter ausbrechen.

Einmal hatte ich in meiner Bibelgruppe einen Frauenkreis einer Berliner Gemeinde zu Besuch. Sie brachten leckere Speisen mit. Ich bat den ältesten und frommsten Gefangenen um ein kurzes Tischgebet. Alle nannten ihn nur respektvoll »Opa Bernhard«. Nach etwa fünf Minuten nicht enden wollenden Tischgebets bemerkte ich an der schleppenden Sprache Opa Bernhards, dass er hackendicht war. Nichts ist einem vor solch frommen und lieben Frauen peinlicher als ein besoffenes Bibelgruppenmitglied.

Ich konnte nicht anders, als ihn mit den Worten:

»Du alter versoffener Sack!«, anzuherrschen, so wütend war ich. Kam auf mich nun auch noch das Problem zu, Opa

Bernhard, vorbei an allen diensttuenden Beamten, in seine Zelle einzuschließen. Und dies, obwohl ich mein Büro mit den vielen Gefangenen und Gastfrauen aus Sicherheitsgründen eigentlich nicht hätte verlassen dürfen. Nur, hätte ich bei der Alarmzentrale mit den Worten anrufen sollen:

»Kollegen, könnt ihr bitte mal kommen? Wir haben hier Damenbesuch in der Bibelgruppe, und ein Knacki ist schon sternhagelvoll!«?

Wie haben die Damen reagiert? Sehr diskret. Sie wurden rot und haben die peinliche Situation verlegen weggelächelt.

Ab in den Steinbruch

Über den Wert und die Möglichkeiten der Arbeit

Man sollte es kaum glauben, aber wie oft habe ich bei meinen Schilderungen und Vorträgen über das Leben in einer Anstalt die Meinung gehört, die müssten alle ab in den Steinbruch. Irgendwann konterte ich mit dem provozierenden Votum: »Warum sollen die Gefangenen eigentlich belohnt werden und arbeiten dürfen? Guckt doch mal, wie viele draußen dringend Arbeit suchen.«

Wenn Strafe überhaupt etwas konkret bewirken kann, dann nur im Verbund mit sinnstiftender Tätigkeit. Nicht jede Arbeit ist eine sinnstiftende Tätigkeit. Muss sie auch nicht. Aber zum überwiegenden Teil sollte der Arbeitende sich schon mit dem Produkt seiner Tätigkeit identifizieren können. Das ist unter den örtlichen Bedingungen einer Justizvollzugsanstalt nicht einfach. Ein umfangreicher Lkw-Verkehr wird zum Beispiel notwendig, um Einzelteile hinein- und fertige Produkte wieder herauszutransportieren. Zudem müssen diese Lkw aufwendig kontrolliert werden.

Auch sind nicht alle Inhaftierten qualifiziert genug, bestimmte Tätigkeiten auszuführen. Andere sind allein schon körperlich kaum in der Lage, einen vollen Arbeitstag durchzustehen. Sei es, weil sie akut drogenabhängig sind oder an einer anderen Krankheit leiden oder einfach nicht unsere Sprache verstehen.

Das sollten aber alles keine Hindernisse sein, den Inhaftierten Arbeitsplätze in ausreichender Anzahl und Qualität anzubieten. In der Regel handelt es sich ja um gesunde, kräftige junge Männer, die einfach eine sinnvolle Beschäftigung benötigen.

Wer den ganzen Tag nur auf seiner Zelle, diesen wenigen Quadratmetern, kaum größer als eine Besenkammer, herumhängt, dörrt innerlich aus und kommt nur auf dumme Gedanken.

Eine Anstalt ist ja in gewisser Weise ziemlich autark. Sämtliches Essen, sowohl das der Beamten und Mitarbeiter sowie auch das der Gefangenen, wird von den Inhaftierten unter Anleitung von ausgebildeten Köchen zubereitet. Viele Inhaftierte lernen auch diesen Beruf im Gefängnis.

Für die Blumenbeete ist die anstaltseigene Gärtnerei verantwortlich. Kaputte Scheiben werden durch die hauseigene Glaserei ersetzt. Brot und Kuchen werden ebenfalls von Gefangenen der Anstalt gebacken. Schlosser, Elektriker sowie alle Arten von Reinigungskräften werden ebenfalls aus dem Pool der Inhaftierten gewonnen. Beim Zahnarzt bindet ein Gefangener das Lätzchen um. Auf dem Sportplatz mähen Inhaftierte den Fußballplatz. Und dennoch reicht es nicht. Zu wenig Arbeit für zu viele Gefangene. Etliche Inhaftierte kamen in den Jahren zu mir und fragten:

»Pfarrer, haben Sie nicht einen Job für mich?«

»Ja«, antwortete ich dann immer in ironischer Art und Weise, »Sie können bei mir den Messwein probieren oder sonntags die Predigt halten. Suchen Sie sich etwas aus.«

Leider konnte ich ihnen nicht weiterhelfen. Für alle guten Arbeitsplätze gab es lange Wartelisten.

Ein Praktikant von mir, ein junger Theologiestudent, verglich in einem Gespräch in der Bibelgruppe einmal die Anstalt mit einem Kloster.

»Wie schön wäre es«, so seine Worte, »wenn ich auch einmal die Gelegenheit hätte, mich so wie ihr (er meinte die Inhaftierten) in meine Kemenate zurückziehen zu können, um zu lesen, zu meditieren und über Gott und die Welt nachzudenken.« Er erntete auf sein Votum keine freundlichen Erwiderungen. Man muss dazu wissen, dass viele Gefangene es in ihrer Sozialisierung niemals gelernt haben, sich selbst zu beschäftigen. Sie können keine Muße aufbringen, ein Buch zu lesen oder so etwas Exotisches wie eine Meditation durchzuführen. Welten prallen hier aufeinander.

Diese Defizite haben für viele zum Teil ja auch dazu geführt, überhaupt kriminell zu werden. Also muss man den Inhaftierten dazu befähigen, später in der Freiheit ein straffreies Leben führen zu können. So sagt es das Strafvollzugsgesetz. Im Klartext bedeutet dies nichts anderes, als vorhandene Defizite zu minimieren, indem man den Inhaftierten zu einer Ausbildung verhilft oder ihnen zeigt, wie ein sinnvoller strukturierter Alltag aussehen könnte.

Hier ist noch viel zu tun. Wenn am Personal gespart wird, fällt natürlich auch der Beamte weg, der arbeitende Inhaftierte beaufsichtigen sollte. Der »billigste« Gefangene ist immer noch der eingeschlossene Gefangene, um den sich niemand kümmern muss.

Nur ist das zu kurz gedacht. Wie soll er denn draußen jemals wieder Verantwortung übernehmen können, wenn er die letzten Jahre einfach nur weggesperrt wurde?

Große Sorgen mache ich mir in diesem Zusammenhang über die vielen Inhaftierten, deren Strafe abgesessen wurde und die dennoch auf Grund externer Einschätzungen und Gutachten als so gefährlich beurteilt werden, dass sie in die anschließende Sicherungsverwahrung gehen müssen.

Da nützen dann auch die besten Arbeiten oder die besten

Gruppenangebote nichts. Diese Inhaftierten hospitalisieren sich derart schnell, dass man guten Grundes schon von sozialer Verwahrlosung sprechen kann.

Im Übrigen hatten die meisten der von mir auf »den Steinbruch« hin angesprochenen Inhaftierten gar nichts dagegen einzuwenden. Arbeit außerhalb der Anstalt an frischer Luft zu bekommen, würde für sie sieben Richtige im Knastlotto bedeuten.

Viele Köche verderben den Brei
Gefängnisküche

Dieses Kapitel kann man kurzhalten oder mehrere Bücher darüber schreiben. Nichts bewegt die Gefangenen mehr, als endlose Diskussionen über das Essen zu führen. Deswegen:

Erstens: Der Gefangene ist, was er isst.

Zweitens: Die Gefangenen werden irgendwie satt!

Die kleinen überforderten Pfarrerlein
Der theologische Nachwuchs

Niemand sollte sein eigenes Nest beschmutzen. Das gilt auch für einen Pfarrer im Hinblick auf den theologischen Nachwuchs der Kirche. Denn wer will da nicht alles Pfarrer werden? Manchmal habe ich mich gefragt: »Wer sucht nur all diese Typen aus?« Und im selben Atemzug tat auch ich mich schwer, am Ende eines solchen Praktikums oder Vikariats dem jungen Theologen zu sagen, er solle sich doch wohl lieber einen anderen Job suchen, weil er nicht für ein Pfarramt geeignet war.

Ein Knastpfarramt ist als Praktikumsort für junge Theologiestudenten sehr begehrt. Ich habe am Anfang meiner Dienstzeit immer unterschätzt, was die Beweggründe der jungen Leute waren. Sie alle hatten bereits Gemeindepraktika hinter sich und berichteten mir ohne Umschweife, wie langweilig diese zum Teil gewesen seien.

Da galt es, lärmende und völlig desinteressierte Konfirmanden zu bespaßen und ständig irgendwelche Frauenkreise zu begleiten, deren einziger theologischer Anspruch in gemeinsam gesungenen Gesangbuchliedern bestand.

Ganz verpönt waren bei den Praktikanten die Andachten und Predigten in jeglicher Form.

Manchmal saß mir so ein überintellektualisierter Zögling gegenüber und antwortete entwaffnend auf meine Frage, was er denn mal machen wolle oder könne: »Na, irgendwas mit Beratung und Computern.«

Sie machten dann allesamt große Augen nach meiner lapidaren Entgegnung, dass das Wichtigste in der Seelsorge eine funktionierende Kaffeemaschine sowie ein Blick auf Augenhöhe sei. Ein Computer rangiert da höchstens auf Platz 20.

Die Praktikanten sahen immer brav aus. Doch Äußerlichkeiten können über die inneren Qualitäten wenig aussagen. Ich meinte allerdings bemerkt zu haben, dass sie zunehmend sprachloser wurden. Die Berührungsängste den Gefangenen gegenüber nahmen stetig zu, und den meisten Praktikanten fehlte es an einem Mindestmaß an Ausstrahlung. Erheblich war ebenfalls ihr mangelhafter Bildungsstand. Nicht unbedingt, was das theologische Grundwissen anbelangte, in jedem Fall aber was das Allgemeinwissen oder die Naturwissenschaften anging. Politisch waren sie oftmals völlig ungebildet und desinteressiert. Kurz, es fehlte ihnen jener Aspekt weisheitlichen Denkens, der über die allgemeinen grundlegenden Lebensfragen Auskunft geben sollte.

Ich habe all jenen mit auf den Weg gegeben zu lesen, was das Zeug hält. Denn nur der, der ein Interesse an Gott und der Welt aufbringt, avanciert zu einer interessanten Persönlichkeit. Einfach deshalb, weil die Persönlichkeit mitreden kann, weil sie etwas zu sagen hat.

Es gab auch nicht wenige Praktikanten, die fast ab der ersten Stunde schweigsam bei mir im Büro saßen. Die Gefangenen hatten selten etwas dagegen, wenn Praktikanten bei unseren Gesprächen anwesend waren. Ganz im Gegenteil. An einem Ort, an dem man über Jahre nur die gleichen Leute sieht, freut man sich über jedes neue Gesicht und über jede andere Meinung.

Aber diese Praktikanten blieben stumm. Auch auf meine vielfachen Aufforderungen hin, aktiv am Gesprächsverlauf teilzunehmen, änderte sich daran nichts. Ab und an vermittelte ich sie an »pflegeleichte« Inhaftierte, in der Hoffnung, dass darüber der Knoten platzen würde. Aber auch hier Fehlanzeige auf der ganzen Linie. Nichts tat sich.

Am Ende ihres Praktikums sollten die Praktikanten in der Anstaltskirche stets eine Predigt halten. Dabei kamen Sternstunden in der Verprobung der Fähigkeit, nicht vor versammelter Gemeinde einzuschlafen, heraus.

Nicht dass die Predigten an sich schlecht ausfielen. Sie waren nur so unangreifbar und antiseptisch geschrieben, dass sie es jedem recht machten. Völlig ohne Spannung, Provokationen oder Humor.

Es handelte sich oft mehr um eine Schreibe, nicht um eine Predigt. Dazu wurden die Predigten häufig auch noch stockend und träge vorgelesen.

Nein. Predigen oder predigen lernen wollte kaum einer von ihnen.

Ich habe die Praktikanten oft gebeten, wenigstens in meiner Bibelgruppe aktiv zu werden. Die Antwort war ein beredtes Schweigen. Ich sagte: »Ihr müsst doch mal irgendetwas erlebt haben. Irgendeine interessante Reise gemacht, einen Pilgerweg besucht haben ...«

Es war schon schwer mit ihnen. Mit etwa der Hälfte der Praktikanten ging es sogar völlig schief. Etliche brachen ihr Praktikum ab, weil sie der Konfrontation mit so schweren Schicksalen oder Straftaten nicht gewachsen waren. Einige mussten sich sogar in psychiatrische Behandlung begeben. Andere wiederum blieben einfach fern und meldeten sich ohne Angabe von Gründen ab.

Aber es gab auch jene, die ich vor den Folgen ihres Tuns retten musste. Ich erinnere mich an einen jungen Theologiestudenten, der kurz nach der Wende ein Praktikum bei uns im Pfarramt machte. Wir erhielten eine Einladung zu einem Osterempfang der russisch-orthodoxen Kirche. Der Sitz der Auslandsvertretung dieser Kirche lag in Berlin-Karlshorst. Ich kannte die Geistlichen gut, da ich sie stets zu den hohen orthodoxen Feiertagen in die Kirche der JVA eingeladen hatte, damit sie dort mit ihren Glaubensbrüdern Gottesdienste feiern konnten.

Wir besuchten eine äußerst bunte Veranstaltung. Wir sahen Popen in orthodoxen Gewändern, Offiziere in Uniformen, dazu Vertreter des diplomatischen Korps in gediegenem Schwarz.

Nach den obligatorischen Gesängen und Gebeten wurde an eine riesige Tafel geladen. Junge Priesterzöglinge gingen mit Wassergläsern voller Weinbrand und Wodka durch die Reihen.

Mein Praktikant war äußerst beeindruckt. Leider auch vom Wodka. Nachdem ich ihn aus den Augen verloren hatte, bemerkte ich nach etwa einer Stunde tumultartige Szenen am Rande des Geschehens. Etliche Priesterzöglinge brachten mir lachend meinen Praktikanten, der, um sich schlagend, lautstark brüllte und schimpfte. Sie setzten ihn vor die Tür.

Was sollte ich tun? Ich ging mit ihm und fühlte mich für ihn verantwortlich. Ich hielt seinen Kopf, als er den vielen Wodka erbrach, und brachte ihn mehr schlecht als recht nach Hause. Ansprechbar auf das Geschehen war er nicht mehr.

Am nächsten Tag betrat er mit dickem Kopf die Anstalt, völlig zerknirscht und ließ sich von mir das Geschehen berichten, da er einen völligen Filmriss hatte.

Nachdem so langsam sein Erinnerungsvermögen wieder einsetzte, berichtete er mir, dass er plötzlich in den Gesichtern der Priesterzöglinge das Antlitz einiger Gefangener zu erkennen glaubte, die er natürlich sofort mit in die Anstalt nehmen wollte, woran diese selbstredend überhaupt kein Interesse hatten.

Was hatte sich in seinem Unterbewusstsein wohl festgesetzt?

Wir schieden in Frieden.

Einige, zum Glück wenige, Vikarinnen verliebten sich in Gefangene. Ich musste stets ein waches Auge für sich solcherart anbahnende Katastrophen haben. Manches bemerkte ich dennoch nicht und wurde erst durch die glaubhafte Beichte der Gefangenen über das Geschehen aufgeklärt.

Als Praktikumsleiter befand man sich bereits an dieser Stelle in einer großen Zwickmühle. Bei allem Verständnis für die Liebe unter jungen Menschen blieb doch der Fakt des unprofessionellen Verhaltens gegenüber Anvertrauten bestehen. Die jungen Frauen indes waren in ihrem Elan für diesen oder jenen Gefangenen kaum zu bremsen und verwechselten ihre Signale gegenüber den Inhaftierten mit intensiver Betreuung.

An dieser Stelle hätte man manches Vikariat abbrechen müssen. Dann hätte die Vikarin am Ende ihres Studiums auf eine Anstellungsfähigkeit zur Pfarrerin verzichten müssen.

Eine von mir aufgezwungene Distanz einzelnen Inhaftierten gegenüber sowie klare Spielregeln haben zum Glück solche endgültigen Katastrophen verhindern können.

Doch auch der umgekehrte Fall trat nicht so selten ein.

Gefangene meinten, dass sich die junge Praktikantin Hals über Kopf in sie verliebt hatte. Nur wusste diese leider nichts davon.

So kann es empfunden werden, wenn man über viele Jahre nicht mehr gewohnt ist, normalen Kontakt zum anderen Geschlecht zu pflegen, oder sich niemals mehr darin ausprobieren konnte, Frauen anzusprechen. Es fehlt einem schlicht der angemessene Zeichenvorrat an Mimik und Gestik.

Es gab aber auch Ausnahmen. Meist junge Praktikantinnen. Sie meldeten sich fröhlich und aufgeschlossen mit viel Interesse für die Sache und baten um einen Praktikumsplatz. Ich würde retrospektiv sagen, dass ich sie bereits ab der ersten Stunde richtig einschätzen konnte. Sie waren ein Gewinn für unsere Arbeit. Sie brachten sich gut ein und probierten neue Dinge aus. Leider habe ich auch unter ihnen keine gefunden, die gerne predigen wollte. Dennoch wollten viele von ihnen am liebsten gleich bei uns im Knastpfarramt bleiben.

Gut. Wir haben es in unserer Arbeit auch mit fast 100 Prozent Seelsorge zu tun. Die Gefangenen gieren nach Gesprächen, nach kleinen oder großen Lebenshilfen und nach praktischen Ratschlägen. Manche wollen sich ihre Last von den Schultern reden, andere haben konkrete Wünsche, etwa bei Ärger mit der Freundin. Andere möchten nur einmal ihre permanente Langeweile durchbrechen und ihre hundehüttenkleine Zelle verlassen. Es ist eben eine sehr interessante und abwechslungsreiche Arbeit. Nur denke ich, dass man diesen Anforderungen nur nach langer eigener Lebensreifung gerecht werden kann. Bei Berufseinsteigern, so kurz nach dem Studium, habe ich meine Bedenken. Die Kirche teilt diese Bedenken und schickt erst einmal alle Absolventen für viele Jahre in eine Gemeindepfarrstelle.

Zum Glück kann ich mich nicht mehr daran erinnern, wie es bei mir am Anfang meiner Pfarrerkarriere gewesen ist. (Natürlich kann ich mich daran erinnern.) Etwa, wie ich vor jeder Predigt gezittert habe und nicht von der Toilette runterkam. Dass ich Alpträume hatte, in denen ich meine Predigt verlegt, die Brille vergessen hatte oder nicht mehr wusste, wo sich die Kirche befand.

Der Mensch verdrängt und lernt dazu. Entwickelt sich und meint später: »Das war doch schon immer so mit mir.« Er denkt es sich und zeigt mit den Fingern auf den Nachwuchs. Und der Mensch wächst bekanntlich an seinen Herausforderungen. Aus diesem Grund wird aus fast jedem etwas. Auch in der Kirche.

Ich darf an dieser Stelle allen einen guten Rat mit auf den Weg geben: Versucht, an eurer Ausstrahlung zu arbeiten! Pfarrer sind das Aushängeschild unserer Kirche. Heftet ihnen irgendwann ein Etikett an! Bei »langweilig« oder »ungenießbar« fällt allerdings bei vielen Beobachtern die ganze Institution durch. Wir sind ein Faktor der öffentlichen Meinungsbildung. An uns orientiert man sich, an uns reibt man sich. Also bietet den Menschen etwas anderes als Farblosigkeit, in deren Gefahr unsere Kirche per se schon steht. Werdet eine Autorität, ohne autoritär zu werden, indem ihr den Menschen Lehrer, Hirte, Beistand und Tröster in überzeugender und kompetenter Art und Weise werdet. Ein bisschen Charisma, ein bisschen Begeisterungsfähigkeit, ein bisschen eigene unverwechselbare Persönlichkeit kann nicht schaden.

Im Lauf meiner Berufs- und Lebensjahre habe ich bemerkt, dass dies auch immer eine Frage des persönlichen Mutes ist. Irgendwann einmal traut sich jeder, frei zu predigen. Irgendwann spreche ich spontan und intuitiv Wahrheiten aus, ohne sie vorher dreimal im Kopf zu zensieren. Und irgendwann erhebe ich mich und sage etwas, einfach weil ich hier stehe und nicht anders kann.

Die Kirchengeschichte kennt ganz wenige mutige Zeitgenossen in ihren Reihen. In all den letzten Diktaturen hat sie kein so glorreiches Bild abgegeben, das der Arbeitsplatzbeschreibung unseres Herrn Jesus Christus für seine Kirche entsprochen hätte. In der JVA Tegel saß in Deutschlands schlimmster Zeit der Pfarrer Dietrich Bonhoeffer als politischer Gefangener Adolf Hitlers. Seinen sicheren Tod vor Augen, blieb er bis zur letzten Minute ungebrochen und standhaft. Wir in Tegel hielten seine Erinnerung stets wach. An diesem Zeugnis sollten sich alle zukünftigen Pfarrergenerationen orientieren, auch eingedenk der Tatsache, dass seine Fußstapfen für die meisten Sterblichen sicher zu groß gewesen sind.

Tu Gutes und rede darüber

Öffentlichkeitsarbeit und ihre Folgen

Wir Pfarrer sind dazu angehalten, unser Anliegen gegenüber der Öffentlichkeit zu vertreten, diese aufzusuchen, um dort für unsere Aufgaben und Tätigkeiten zu werben. Nun kann man schlecht für eine JVA werben. Mitglieder sucht der Knast kaum. Wir können aber für unsere Arbeit werben und über unsere Arbeit berichten, um vorhandene Vorurteile abzubauen.

Zu diesem Zweck begeben wir uns in die Welt und lassen uns von Gemeinden oder anderen Institutionen einladen. Eine spannende und zugleich schwierige Aufgabe. Oft dachte ich, woher beziehen unsere Mitbürger eigentlich ihre Ansichten?

Wer verbreitet nur solchen Quatsch, wenn es um Fragen von Strafe und Haft, um Schuld und Sühne geht? Um Vergebung?

Ja, ich habe resigniert.

Ich habe erleben müssen, dass die Wirklichkeit einer Welt hinter Gittern mit der Wirklichkeit verwechselt wird, wie sie im Fernsehen oder anderen Medien gezeigt und dargestellt wird.

Dagegen kommen wir mit unseren Schilderungen nie an. Hat sich erst einmal in den Köpfen der Menschen eine bestimmte Ideologie, ein bestimmtes Weltbild oder ein festgefügtes Feindbild gesetzt, ist es so gut wie unmöglich, dieses zu verändern. Überall dort, wo ich auftrat, traf ich auf solche manifesten Fantasiegebäude. Jahrelang habe nicht nur ich hierbei mein Bestes versucht.

Der Mensch, dergestalt disponiert, sammelt in der Regel nur solche Informationen, die auch der Untermauerung seiner eigenen Kopfideologie dienlich sind. Etwas anderes möchte er in der Regel gar nicht hören. Alternative Sichtweisen sind verpönt. Das entspricht unserer typischen Schwarz-Weiß-Malerei. Je einfacher die Sachzusammenhänge sich uns darstellen, desto begieriger werden sie geschluckt. Zwischentöne werden nicht zugelassen. Andere Ansichten verwirren nur. Einmal erworbene Standpunkte und Überzeugungen verteidigen wir mit Händen und Füßen. An unseren Überzeugungen ist nicht zu rütteln.

Letztendlich kann ich dieses, bezogen auf die verschiedensten Themen, auch bei mir selbst beobachten. Wie lange dauert es, dass sich in meinem Kopf einmal festgesetzte Ansichten ändern? Mit welchen Fakten oder Erkenntnissen können mich andere überzeugen?

Gesellschaftliche Vorurteile lassen sich oft nur in Jahrhundertschritten überwinden. Denken wir doch nur daran, wie lange die Aufklärung benötigte, um auch wirklich im letzten Haus oder Gedankengebäude Europas Einzug zu halten.

Wie lange müssen sich so irrwitzige und perverse Vorurteile hochgeschaukelt und gefestigt haben, dass noch die direkten Generationen vor uns der Meinung waren, erst nach der Vernichtung einer ganzen Religion plus dazugehörigem Kulturkreis wird es uns Deutschen bessergehen?

Und dies bei volkskirchlichen Verhältnissen, wo die Mehrzahl der Deutschen Christen waren, also eigentlich selber einer orientalisch-jüdischen Religion angehörten.

Der Gefangene an sich hat also ein böser Mensch zu sein, den man wegsperren muss, um ihn so zu Buße, Reue oder Umkehr zu zwingen. Ich erinnere mich noch gut an einen

Besuch in einer gutbürgerlichen Kirchengemeinde im Südwesten Berlins. Nach meinem Vortrag über meine Arbeit im Gefängnis wurde die anschließende Fragestunde durch das Votum einer sehr resoluten, nicht mehr ganz jungen Dame eingeleitet:

»Herr Pfarrer«, sagte sie, »Sie sind uns so sympathisch, was machen Sie nur im Knast?«

Will sagen, ihrer Meinung nach gehöre so jemand wie ich nicht in die Seelsorge an inhaftierten Menschen. Andere drückten das subtiler aus.

Ein anderes Beispiel: Zusammen mit einem Kollegen besuchte ich eine Marzahner Konfirmandengruppe. Wir berichteten über unsere Arbeit. Danach meldete sich eine junge Konfirmandin und fragte ganz ungeniert, ob wir die Gefangenen auch ins Bordell begleiten würden. Uns fiel die Kinnlade runter. Erst dachten wir, alle grölen gleich los, hätte ich doch als Konfirmand solche Worte und Gedanken niemals formuliert. Aber es blieb ruhig. Die Frage war ernst gestellt und sollte auch so beantwortet werden. Viele Fragen wurden eingeleitet mit einem anonymen: »Ich habe da so gehört ...«

Hinter einer solchen Einleitung kann man sich gut verstecken, ohne die eigene Position preisgeben zu müssen. Alles, was wir in unseren Schilderungen als »normal« darstellten, wurde mit äußerster Skepsis aufgenommen.

»Was, die Gefangenen studieren, schreiben literarische Texte, treiben Sport oder sammeln sogar mit unserer Hilfe für Hochwasseropfer?«

Das passte nicht ins Bild. Und alles, was uns nicht ins Bild passt, wird im Kopf umgedeutet. Ich habe ganze Gemeindekreise zu mir in den Gottesdienst eingeladen. Doch kaum einer wollte sich ein Bild von der Wirklichkeit machen. Und die,

die tatsächlich kamen, waren völlig angstbesetzt. Meine Gefangenen hatten aus Spaß Gesten und Grimassen von Monstern eingeübt, um ins Bild zu passen. Ein Beweis dafür, dass sie allesamt mehr Humor als die verunsicherten Besucher hatten.

Als eine Besucherin in ihrer Neugier insistierte, warum der Gefangene Bernd in Tegel einsaß, antwortete dieser, ohne mit der Wimper zu zucken:

»Ich sitze hier wegen mehrfachen Missbrauchs landwirtschaftlich genutzten Nutzviehs, mit besonderer Schwere der Schuld.« Als er den panischen Blick der Fragestellerin sah, fügte er todernst hinzu:

»Besonderer Schwere der Schuld deswegen, weil ich bei der Tat gelbe Gummistiefel trug.«

Danach wurde keine Frage mehr gestellt.

Ein anderes Mal waren junge Polizisten unsere Gäste. Sie hatten gerade ihre Ausbildung zu Kommissaren beendet und wollten sich vor der Dienstaufnahme einmal anschauen, wo die von ihnen Festgenommenen so bleiben. Für den Nachmittag war ein Gespräch mit Inhaftierten angesetzt. Auf die ängstliche Frage einer jungen Polizistin, ob sicherheitsmäßig etwas zu beachten sei, antwortete ich ungerührt:

»Ja, schauen Sie ihnen nie in die Augen und halten Sie einen Sicherheitsabstand von 1,32 Meter ein.«

Niemand lachte, alle schauten ängstlich auf die eintretenden Gefangenen, die den Mädchen natürlich sofort buchstäblich auf die Pelle rückten.

Ich will damit sagen, wer es darauf anlegt, kann den größten Mist verbreiten, und jede auch noch so absurde Kuriosität wird sofort für bare Münze genommen, obwohl sie völlig lebensfremd ist.

In dem Inhaftierten wird alles andere gesehen als ein an

sich normaler Mensch. Ihm werden vernünftige Ansichten und Äußerungen genauso abgesprochen wie die Möglichkeit, später ein völlig straffreies Leben zu führen.

Nach Tegel kamen auch verschiedene Fernsehsender. Ihre Filme über die JVA waren in der Regel recht gut gemacht und recherchiert. Die Gefangenen konnten sich jedes Mal völlig unzensiert äußern. Auch wir Geistlichen kamen ausführlich zu Wort.

Am Tag der Ausstrahlung mussten wir aber feststellen, dass wir auf einen der hintersten Sendeplätze gerutscht waren. Die Sendungen liefen immer dann, wenn das werktätige Volk bereits schlief und nur noch die fernsahen, die es sich leisten konnten, morgens nicht mit den Hühnern aufstehen zu müssen. Außerdem wurden viele Kommentare und Aussagen der Inhaftierten herausgeschnitten.

Hätten wir dagegen für Schlagzeilen gesorgt, wie etwa: »Pfarrer ist für die Einführung der Todesstrafe!«, oder: »Pfarrer wettert gegen die Unzucht unter den Berliner Politikern!«, wären wir mit Sicherheit auf einem der vorderen Sendeplätze gelandet. Einige Kollegen sind dieser Versuchung erlegen.

Bewegend war eine Begegnung mit Schülern einer Neuköllner Schule, die zum Teil ausländische Wurzeln hatten. Wir verbrachten mit ihnen eine äußerst interessante und lebhafte Unterrichtsstunde im Fach Ethik, Lebenskunde und Religion. Dann verabschiedeten wir uns mit guten Wünschen für ihre Zukunft, als uns ein etwa 15-jähriger türkischer Schüler hinterherlief.

»Herr Pfarrer«, sagte er, »wir sehen uns bald bei Ihnen im Knast.«

»Junge«, entgegnete ich, »sag doch so etwas nicht.«

»Doch, doch«, erwiderte er, »ich stehe leider schon mit einem Bein im Gefängnis ...« Er drehte sich um und entschwand auf den lärmenden Pausenhof.

Prävention würde, ja müsste genau hier ansetzen. Unterweisung in Strafvermeidung. Setzen von positiven ethischen Markern. Das sind schlichte Bildungsangebote, die schon unternommen werden. Nur kann man keinen Jugendlichen zwingen, sie auch anzunehmen.

Das gehört dann in die Verantwortung der Eltern, dafür zu sorgen, dass ihr Kind das Möglichste an Erziehung und Bildung bekommt. Die Wirklichkeit vor Ort, in den Schulen, sieht aber leider häufig anders aus. In jeder gemischten Klasse, was sowohl die Ethnie als auch den Schultyp ausmachte, sahen wir folgendes Bild:

Eine kleine Minderheit, meist waren es zwei oder drei Jungen oder Mädchen, arbeiteten sehr aufmerksam, ja geradezu enthusiastisch mit. Darüber hinaus gab es eine größere, schweigende Mehrheit, die sich erst in den allerletzten Minuten traute, Fragen zu stellen. Augenscheinlicher war aber eine deutlich zu erkennende Gruppe von Mädchen mit Migrationshintergrund, die völlig unbeeindruckt von dem Geschehen ihren »Geschäften« nachging. Zuerst dachte ich, sie seien Lehrerpraktikantinnen, weil sie von der Aufmachung wie auch vom scheinbaren Alter her deutlich älter als die übrigen Schüler wirkten. Körperlich sahen sie vier bis fünf Jahre älter aus als die anwesenden gleichaltrigen Jungen. Sie waren angezogen, als ob sie im nächsten Augenblick einen Heiratsmarkt aufsuchen würden. Sie nahmen weder am Unterrichtsgeschehen teil noch wussten sie, wer da vorne stand.

Die anwesenden Lehrer hatten sie nach eigenen Aussagen bereits aufgegeben.

Und was tat ich nach kurzer Zeit? Natürlich, ich beschäftigte mich nach mehreren vergeblichen Versuchen der Kontaktaufnahme mit den stolzen orientalischen Töchtern auch bald lieber mit dem aktiven Teil der Klasse. Einfach, weil es mehr Spaß machte und ich mir nicht den Tag verderben wollte.

Türkische und arabische Inhaftierte bestätigten mir meine Beobachtungen. Intellektuelle Leistungen waren in ihren Familien bislang kaum gefragt. Hauptsache, du kommst irgendwann einmal zu deinem Mercedes.

Ich kann an dieser Stelle nur dafür werben, keinen zurückzulassen. Ich lade alle Eltern ein, »Ausländer« gibt es bei dieser Fragestellung nicht, ihrer Erziehungs- und Bildungsverpflichtung nachzukommen. Jedem sollten die gleichen Chancen eingeräumt werden, und jeder sollte seine Kinder motivieren, diese auch anzunehmen.

Die Tatsache, dass immer mehr junge Menschen mit ausländischen Wurzeln studieren, stimmt mich froh. Oder salopp ausgedrückt: Jeder, der lernt oder studiert, kommt in der Regel in dieser Zeit nicht ins Gefängnis.

Aus meiner Gemeindearbeit in Berlin-Schöneberg ist mir eine ehrenamtliche Frauengruppe geblieben, die uns über viele Jahre hinweg im Gefängnis besucht hat. Sie haben für die Gefangenen gekocht, und wir haben zusammen gebastelt. Manche zum ersten Mal in ihrem Leben. Auch haben wir gemeinsam gespielt und uns so besser kennengelernt. Diese Frauen wollten nie wissen, was der einzelne Gefangene ausgefressen hatte. Sie fragten auch nie danach. Sie waren Gesprächspartner und Mutterersatz. Ich habe neidvoll bemerken dürfen, dass sich die Inhaftierten für diese Begegnungen förmlich in Schale schmissen und plötzlich eine andere Sprache, einen anderen Umgangston verwendeten. Sie benahmen sich so, wie sie auch gesehen werden wollten. Nie ist etwas bei diesen Besuchen aus dem Ruder gelaufen, geschweige denn passiert. Die Gefangenen sprachen immer von »unseren lieben Frauen«, die wohl so manches Nachreifen bei den Gefangenen anstoßen konnten. Unter dem Strich betrachtet, haben sie den Inhaftierten so viel Gutes angedeihen lassen, dass man einfach darüber reden muss. So stelle ich mir »praktiziertes Christentum« vor. Unaufdringlich, fröhlich, tröstend und ermutigend.

Wofür beten wir wirklich?

Gottesdienst

Die Gottesdienste fanden allesamt in der Kirche statt. Die Kirche war der schönste Raum in der JVA, obwohl sie streng genommen gar keine Kirche war. Als man 1898 die ersten Hafthäuser fertigstellte, sollte ein schlichter Raum in einem der Häuser als Gebetsraum eingerichtet werden.

Am Ende der Bauarbeiten – man höre und staune – soll dann aber so viel Geld übrig geblieben sein, dass man diese riesige Kirche mit fast 300 Plätzen errichten konnte. Das mutet heute, immerhin nur einige Kilometer vom Flugplatz BER entfernt, als Satire an.

Die Kirche wurde zuerst nur evangelisch geweiht, einzig und allein aus der Tatsache heraus, dass es in Preußen zur damaligen Zeit keine katholischen Inhaftierten gab. Später wurde sie dann eine sogenannte Simultankirche, also im Wechsel evangelisch und katholisch genutzt. Sie blieb aber nach wie vor ein anstaltsinterner Raum. Ging zum Beispiel einmal die Orgel kaputt, verwies die Senatsverwaltung für Justiz darauf, dass gerade Haushaltssperre herrschte. Im Gegenzug dazu machte die Kirchenleitung mich darauf aufmerksam, dass man unsere Orgel nicht kannte, weil sie in keinem sakralen Gebäude der Evangelischen Landeskirche stand.

Zur Ehrenrettung der Senatsverwaltung sei an dieser Stelle betont, dass sie später einen Teil der Reparaturkosten übernahm. Die Kirche dagegen blieb auf diesem Ohr taub.

Architektonisch entsprach sie genau dem Baustil der damaligen Zeit, mit hohen Bögen und einem großen, durch riesige Holzbalken versteiften Kirchenschiff. Die Bänke erhoben sich wie im Theater nach hinten hin aufsteigend. Auf alten Fotos ist noch zu sehen, dass sich zwischen den einzelnen Sitzen anfangs Trennwände befanden. So sollte der Gefangene genötigt werden, nicht mit seinem Banknachbarn zu schwatzen, sondern sich brav die Predigten unserer Vorgängerkollegen anzuhören.

Die Trennwände wurden später abgerissen, doch ich habe sie mir so manches Mal wieder herbeigewünscht.

Am Sonntagmorgen wurden zur Gottesdienstzeit der jeweiligen Konfession durch einen Inhaftierten, der fest als Küster von der Anstalt bestimmt und dafür auch bezahlt wurde, die Glocken geläutet. Die Kirchgänger trafen sich an den jeweiligen Zentralen der Teilanstalten und wurden von dort zügig zum Gottesdienst gebracht. Innerhalb weniger Minuten füllte sich die Kirche, zwar nicht völlig, aber durchaus gut.

Einige Beamte, so sie denn wollten, blieben in der letzten Bankreihe sitzen. Die meisten Kollegen interessierte das Geschehen am Altar aber überhaupt nicht. Sie griffen nur ein, wenn wir einen Inhaftierten des Saales verweisen mussten. Das kam leider oft vor. Manchmal bildeten sich wie von selbst Subkulturen. Plötzlich saßen in der Kirche nur noch Inhaftierte einer bestimmten Nationalität. Sie wollten, aus einzelnen Häusern kommend, sich einfach nur treffen. Der Gottesdienst war eine der wenigen teilanstaltsübergreifenden Veranstaltungen. So nutzte man ihn gerne zum Gedankenaustausch sowie zum Handel mit allem, was im Knast Mangelware war. Also vor allem für den Drogenhandel. Wir kämpften sehr dagegen an. Deswegen auch so manches Mal ein frommer Wunsch, die Trennwände wieder anzubringen.

Bedingt dadurch, stieg der Geräuschpegel am Anfang sehr hoch. Mein Kriterium war, ab dem Moment, wo ich den Altarbereich betrat, hatte Ruhe zu herrschen. Tat es natürlich nicht immer. So ermahnte ich die Gefangenen mit dem mir zur Verfügung stehenden fremdsprachlichen Wortschatz. Half das nichts, schmiss ich sie raus, und sie wurden bis zum Ende des Gottesdienstes in eine freie Zelle gesperrt. Es war also immer etwas los. Man wusste am Sonntagmorgen nie, wie der Tag enden würde.

Später haben wir sogenannte Gottesdienstkarten eingeführt.

Rosa Karten teilte das katholische Pfarramt aus, wir grüne.

Unter dem Bild der aufgedruckten Kirche schrieben wir den Namen des Inhaftierten. Grundsätzlich durfte jeder am Gottesdienst teilnehmen. Konfessionelle Beschränkungen gab es nicht. Der Gefangene beantragte solch eine Karte, und wir gaben sie nach ausgiebiger »Gesichtskontrolle« auch aus. Das heißt, mein Kriterium für das Aushändigen und die Erlaubnis, am Gottesdienst teilnehmen zu dürfen, beschränkte sich auf zwei Punkte. Erstens, der Gefangene musste mich sprachlich verstehen, also genug Deutsch können. Und zweitens durfte er im sichtbaren Bereich der Haut kein Hakenkreuz tragen. Wen ich allerdings rausschmeißen musste, dem nahm ich auch sofort die Gottesdienstkarte ab. Er musste mir später Rede und Antwort stehen und durfte einige Zeit nicht zum Gottesdienst kommen.

In der Regel waren so viele orgelkundige Gefangene inhaftiert, dass wir kaum auf Organisten von draußen zurückgreifen mussten. Damit will ich natürlich nicht sagen, dass Kirchenmusik per se kriminell macht, aber seltsam war dieses Phänomen schon.

Die meisten von ihnen waren sehr sensibel zu händeln. Sie verlangten genug Zeit zum Üben, und die Lieder mussten ihnen rechtzeitig bekannt gemacht werden. Unter Knastbedingungen ein schier unüberwindbares Problem.

Die Orgelvor- und Orgelnachspiele lagen in der Hand des Organisten. Manche versuchten sich dabei an Eigenkompositionen. Ich habe wenig Ahnung, aber oft hörte sich das wie depressive 12-Ton-Musik an. Manchmal dauerten die Nachspiele dermaßen lang an, dass ein Kollege schon mal einen Inhaftierten von der Orgel wegzerren musste. Der Gefangene, in seiner Musik versunken, hätte wohl noch stundenlang weitergespielt. Die übrigen Gottesdienstteilnehmer hatten schon längst das Weite gesucht und befanden sich bereits wieder auf ihren Zellen.

Der Gottesdienst an sich lief wie ein ganz normaler sonntäglicher Gemeindegottesdienst mit verkürzter Liturgie ab. Die Konzentrationsfähigkeit der Inhaftierten lag in der Regel jedoch weit unter der eines Gemeindemitglieds. Gefangene meiner Bibelgruppe übernahmen die Lesungen. Sie mussten von mir vor dem Gottesdienst aus den einzelnen Häusern aufgeschlossen werden, genau wie die Inhaftierten, die zum Kaffeekochen eingeteilt waren.

Ich saß immer in der ersten Reihe auf dem Platz, auf dem auch jahrelang mein Vorgängerkollege und Widerstandskämpfer Harald Poelchau gesessen hatte. Ich hielt sozusagen seinen Platz warm. Er war es, der fast täglichen Kontakt zu Dietrich Bonhoeffer und den anderen Inhaftierten des Nationalsozialistischen Widerstandes hatte. Sein Andenken hielten wir in hohen Ehren. Fast jeden Sonntag sangen wir das Lied »Von guten Mächten wunderbar geborgen«, das Dietrich Bonhoeffer in Tegel textete.

Ich saß also in der ersten Reihe. Die Inhaftierten wurden zugeführt, und umgehend setzte ein Run auf den armen Pfarrer ein.

»Herr Pfarrer, kann ich nachher mit runterkommen, um meine kranke Mutter von Ihnen aus anzurufen?« Es folgten Wünsche nach Tabak und dergleichen mehr. Ich habe es nie geschafft, den Leuten gegenüber deutlich zu machen, dass auch ein gestandener Pfarrer so kurz vor dem Gottesdienst seine Zeit benötigt, um in Muße beginnen zu können. Also sprang ich auf und lief nach vorn. Nun musste Ruhe herrschen. Ich begrüßte die Gemeinde, und wir sangen zusammen das erste Lied.

Nach dem Gottesdienst sammelten Gefangene die Liederbücher wieder ein, und diejenigen von ihnen, denen ich es erlaubt hatte, so etwa 10 bis 15 Inhaftierte, versammelten sich vor dem Altar. Ich nahm ihre Namen auf, um sie an den Zentralen der Häuser für eine weitere Stunde abzumelden. Hätte ich nur einen vergessen, musste ich damit rechnen, dass nach der »Zählung« und dem bemerkten Fehlen des Inhaftierten ein Anstaltsalarm ausgelöst worden wäre.

Die Zentralbeamten, die dafür verantwortlich waren, zeigten sich uns gegenüber immer barmherzig. Ein Anruf von ihnen:

»Na, Pfarrer, hast du mir etwas zu sagen?«, ließ bereits alle Alarmglocken in meinem Kopf erschallen. Man durfte den Bogen natürlich nicht überspannen.

Unten im Pfarramt gab es dann ein fröhliches Kaffeetrinken. Nicht mehr und nicht weniger. Kollegen von mir haben sich mit Recht darüber beklagt, dass dabei so gut wie nie über die Predigt oder den Gottesdienst gesprochen wurde.

War ich darüber traurig? Ich weiß nicht. Es war irgendwie ehrlich, auch wenn sich das Interesse am Gottesdienst eben doch nur auf die anschließende Gemeinschaft oder die persönlichen Wünsche beschränkte. Wer will hier den Richter spielen?

Ich könnte jetzt sagen, dass der Gottesdienst eben keine zeitgemäße Veranstaltung mehr ist. Dann hätte ich eine fromme Minderheit gegen mich. Doch ich bleibe dabei, der Gefangene besucht den Gottesdienst, weil er Abwechslung und das Gefühl von Gemeinschaft sucht. Die Botschaft ist völlig uninteressant. Eine Predigt wurde an dem gemessen, ob etwas aus ihrer Wirklichkeit angesprochen wurde. Die Reaktionen vor Ort waren oft sehr spontan. Wurde es zu langweilig, gähnten sie schon mal demonstrativ und laut. Umgekehrt wurde aber auch herzhaft und gerne gelacht.

Oft kritisierten mich pädophile Sexualstraftäter für meine lockere und humorvolle Art und meine doch alles in allem liberalen Predigten. Warum gerade sie? Nun, sie mussten über viele Jahre eine Tarnung der Rechtschaffenheit und Selbstgerechtigkeit sowie einen mich verblüffenden Konservativismus an den Tag legen, um nicht wegen ihrer Neigungen aufzufallen.

Ich selber habe mit den Jahren bemerkt, dass meine tägliche Arbeit und der sonntägliche Gottesdient zwei völlig verschiedene Seiten der Medaille waren. Man musste sie strikt voneinander trennen. Ich habe das u. a. am Beispiel der katholischen Kollegen gesehen. Nicht ordinierte Theologen, also Pastoralreferenten, leisteten unter der Woche eine hervorragende seelsorgerische Arbeit. Sie waren mindestens ebenso qualifiziert wie die geweihten Priester, die sonntags nur für die Eucharistie »eingeflogen« wurden.

Unsere Predigten orientierten sich an der jeweils aktuellen Perikopen-Ordnung, die die Bibeltexte für den einzelnen Sonntag bestimmt. Nur so war man sich sicher, dass die Kollegen in der Woche zuvor nicht über den gleichen Text gepredigt hatten. Ich glaube, den Gefangenen war dies völlig egal. Ein paar Mal ist es dennoch passiert, dass wir versehentlich nacheinander über die gleichen Textstellen predigten. Sie trugen es mit Fassung und Desinteresse.

Ich bin in meiner Zeit in Tegel kaum auf die Predigttexte angesprochen worden. Manche Gefangene äußerten am Ausgang zur Verabschiedung:
»Tolle Predigt, Pfarrer. Danke.«
Vielleicht war es eine Floskel oder auch nicht. Ein wirkliches Feedback gab es so selten.

Sprach man mit den Kollegen darüber, kamen nur gelungene Gottesdienstbeispiele als Antwort. Tolle Gottesdienste mit irgendeiner Band und gemeinsamem Essen. Ja, wir haben versucht, die Leute in die Kirche zu locken. Manche gaben Geschenke in Form von Tabak oder Weihnachtstüten voll süßem Inhalt aus. Andere tafelten auf. So hätte ich auch meine Kirche Sonntag für Sonntag voll bekommen.

Bei den Kollegen – es gab auch sehr schlechte Prediger – habe ich nie einen Unterschied im Gottesdienstbesuch feststellen können. Im Großen und Ganzen hat nie jemand Anstoß am Inhalt einer Predigt oder am Inhalt der Gebete genommen. Was mir in den theologischen Kram passte, habe ich »verkündigt«.

Einzig und allein in meiner Bibelgruppe versuchte ich, über einfache Glaubensdinge miteinander ins Gespräch zu kommen. Umsonst. Die Gefangenen haben mich in ihren Antworten immer rechts überholt. Oftmals wurde ich richtig sauer und herrschte sie an, sie sollten doch mal sagen, was sie wirklich denken, als mir immer wieder nur ihre Bilderbuch-Konfirmandenantworten an den Kopf zu werfen, in der Hoffnung, ich würde sie dafür gebührend loben.

Irritiert habe ich sie allenfalls mit wissenschaftlichen Axiomen, wie den Tatsachen, dass die Welt nicht in sechs Tagen erschaffen wurde und Adam und Eva nicht die ersten Menschen waren. Dass die Jungfrauengeburt keine biologische Tatsache schildert und es für die Auferstehung Jesu keine physikalische Erklärung gibt.

Sie haben es mir irgendwie abgenommen, aber es fand in ihrem Leben keinen Platz. Wohlgemerkt, ich spreche hier auch von studierten klugen Menschen.

Einzig und allein irritierte sie ein Streifzug durch die Bibel, vorbei an Texten des Alten Testaments, wo zum Schlachtfest an Andersdenkenden aufgerufen wurde oder frauenfeindliche Worte des Apostel Paulus fielen. Selbst unsere Kolleginnen wollten nie die Frage beantworten, warum sie als Pfarrerin arbeiteten, obwohl nach dem Apostel »... das Weib in der Gemeinde zu schweigen habe«.

»Zeitbedingt«, sagen wir Theologen gerne, »alles zeitbedingte Aussagen, die sich heute überlebt haben und vernünftigeren Ansichten gewichen sind.«

Ein Gefangener sagte mir allerdings, hätte er dies alles gewusst, hätte er seinem Sohn zur Konfirmation keine Bibel geschenkt.

»Keine Angst«, antwortete ich, »die Bibel ist zwar das am meisten verkaufte Buch der Welt, aber wohl auch das am wenigsten gelesene.«

Das alles sind natürlich auch Anfragen an mich selber. Was glaube ich eigentlich oder, viel besser, was hat dies alles mit meinem täglichen Leben zu tun? Lebe ich nicht auch so, als würde es Gott nicht geben? Spüre ich im Alltag Menschen ab, ob sie gläubig sind oder nicht? Sind die gläubigen die besseren Menschen, glücklicher oder zufriedener?

Also die Frage, ob die Theologie eine abgehobene akademische Wissenschaft sei oder praktische Lebenshilfe, wie Jesu sie wohl verstand. Was hat man vom Glauben oder, besser, was haben andere von uns, wenn wir glauben? Es muss doch irgendeine pragmatische, abrechenbare Seite geben, die als Ergebnis unserer Frömmigkeit für uns und andere ins Auge springt.

Theologen sagen oft, so darf man nicht fragen. Ich tue es aber! Eingedenk der Tatsache, dass ja auch die Bibel, obwohl sie laufend von Gott spricht, nur in wenigen Punkten von uns wahren Glauben abverlangt. Das Warten auf die Wiederkunft Christi, also das Erscheinen des Messias, ist so ein Punkt. Oder die Auferstehung Jesu. Alles andere lässt sich auch für einen wahren Humanisten gut unterschreiben.

Nicht zu stehlen, zu töten, nicht die Ehe zu brechen oder zu lügen, sind humanistische Grundwerte, die sich Menschen über Jahrtausende angeeignet haben, um gut zu überleben. Sie haben aber mit Gott herzlich wenig zu tun. Auch die Tatsache, dass in der Bibel steht, wir sollten Hungrige ernähren sowie Kranke und Gefangene besuchen, trägt an sich nichts Theologisches in sich. Das ist Humanismus in Reinform und mit Sicherheit viel älter als die Texte der Bibel. Die Tatsache, dass so viele Menschen an einen anderen Gott glauben und nicht weniger erfolgreich im Leben dastehen wie die, die an keinen Gott glauben, sollte uns in der Abwertung Andersdenkender nachdenklicher werden lassen. Hinzu kommt noch die Tatsache, dass jeder Mensch in der Regel nur das glaubt, was Vater und Mutter geglaubt haben, was wiederum häufig auch etwas mit dem Geburtsort zu tun hat.

Ich bin ein Berliner und evangelisch. Natürlich wäre dieselbe Person in Ankara ein gläubiger Moslem. Oder, im Tibet geboren, ein glühender Buddhist.

Mit zunehmendem Alter werde ich frommer. Eine mir nicht anzumerkende innere Haltung, die mich öfter im Dialog mit Gott, also im Gebet, verharren lässt. Ich nehme mir mehr Zeit für meine Antworten und frage intensiver nach.

Der Glaube kann das Böse in uns im Zaum halten. Ich wünschte mir, alle Menschen hätten eine solche Richtschnur, gespeist aus irgendeiner Religion. Oder sie wären so stark, dass sie keinen Gott mehr benötigten. Ich habe während meiner Zeit im Gefängnis über viele Fragen mit kaum jemandem sprechen können, sodass sich viele Fragen in all den Jahren in mir auftürmten. Sie waren es, die mich frommer werden ließen. Vielleicht können viele von diesen Fragen auch gar nicht beantwortet werden, weil sie weitergetragen werden von Generation zu Generation und doch irgendetwas in uns verändern. Sonst wäre ja Fortschritt nicht möglich. Und ich bestehe darauf zu bekennen, dass diese Welt sich weiterentwickelt, also nachreifen kann, genauso wie ich dies meinen mir anvertrauten Inhaftierten zugebilligt habe.

Ich bemerke, dass wir Christen rapide weniger werden, und sehe darüber hinaus auch ein eher diffuses, zunehmend spirituelles Interesse. Ein theologisches Globuli ohne bestimmte Konfession, das irgendwie helfen soll, im Sinne von: Schaden kann es ja nie.

Interessanterweise werden wir wenigen Christen in dieser Stadt jetzt wieder eher wahrgenommen, weil durch die vielen muslimischen Mitbürger der Anteil der Gläubigen an der Bevölkerung deutlich gewachsen ist. Es werden Moscheen gebaut, keine Kirchen. Seien wir einander Gast und lernen wir voneinander, als Gewohntem nachzutrauern.

An dieser Stelle möchte ich nicht unerwähnt lassen, dass die Justizverwaltung und die Anstaltsleitung unsere Kirche gerne auch für ihre Veranstaltungen nutzten. Dies geschah in enger Absprache mit uns, wobei uns jedes Mal auch ein Rederecht eingeräumt wurde. Wie schon erwähnt, sie beherbergte den schönsten Raum und galt als die hübscheste Kirche der Berliner Vollzugslandschaft.

Eines Tages sollte unser Direktor verabschiedet werden. Ich bat, aus alter, herzlicher Verbundenheit zu ihm, auf ebenjener Veranstaltung eine Abschiedsrede halten zu dürfen. Nach meiner Rede wäre laut Protokoll der Justizsenator an der Reihe gewesen.

Von den Inhaftierten wurden Scheinwerfer und Mikrofone installiert, und die Ausbildungsküche baute im Eingangsbereich ein großes Buffet auf. Mein Küster, der um die Reihenfolge der Reden wusste, bat mich eindringlich, vor Beginn der Veranstaltung darauf hinzuweisen, dass beim anschließenden Buffet nicht gekrümelt werden dürfe. Bis zum Sonntagsgottesdienst fände er nämlich keine Zeit mehr zum Saubermachen.

Eigentlich bin ich zuverlässig in der Übermittlung der Dinge, die man mir als Bitte zuträgt. Sicher ist sicher, dachte wohl mein Küster und heftete auf die Kanzel noch mal jene Bitte in schriftlicher Form. Kurz vor Beginn der Veranstaltung informierte man mich, dass die Rednerliste umgestellt worden sei und nun doch der Senator zuerst sprechen sollte.

Das war mir zunächst auch egal, wusste ich doch nicht um den Zettel auf dem Rednerpult ... Der Senator bekam jedenfalls sein Manuskript gereicht und trat neben das Pult. Nach seinen ersten Sätzen schaute er äußerst irritiert neben sich und dann auf seinen Staatssekretär. Dann unterbrach er seine Rede mit den Worten:

»Ähm, mit dieser Information hier kann ich überhaupt nichts anfangen. Ich soll nicht krümeln?«

Fast wäre ich vor Scham in den Boden versunken. Die Anwesenden hüstelten ein verlegenes Lächeln. Ja, unsere Kirche hat schon viel erleben dürfen.

Die Paradiesvögel
Über Gestörte und Ver-rückte

Psychologen sagten mir, dass die Anzahl der Verrückten, also jener Menschen, die von der Norm abgerückt, ver-rückt sind, in der Welt zunimmt. Im Knast habe ich dies schon lange bemerkt. Die Zahl der nicht mehr Integrierbaren, der nicht Gruppenfähigen und psychisch Gestörten nimmt im Vollzug zu.

Ich fragte mich häufiger allen Ernstes, wie irgendein Richter oder Sachverständiger einigen »meiner« Gefangenen überhaupt eine Haftfähigkeit oder Zurechnungsfähigkeit attestieren konnte.

Ich erinnere mich gut an eine Situation während eines Gottesdienstes. Mitten in der Predigt fing meine Haftgemeinde lautstark an zu lachen. Irritiert schaute ich auf mein Manuskript, nein, da war kein Lacher vorgesehen. Also professionell weitermachen und Störungen einfach ignorieren. Sekunden später die gleiche Reaktion. Gut, dachte ich, wir müssen alle mit einer versteckten Kamera rechnen, selbst an diesem so verschlossenen Ort. Beim dritten Mal bemerkte ich, wie sich alle Blicke auf die linke Altarseite richteten. Und was sah ich da? Einen Inhaftierten, der auf allen vieren um den Altar schlich.

Alle lachten, kein anwesender Beamter griff ein. Ich war wieder einmal gefragt. Dabei hatte ich mir so viel Mühe mit der Predigt gegeben. Ein auf allen vieren kriechender Büßer kam darin nicht vor.

Ich trat auf den Gefangenen zu, unsicher, ihn anzuschrei-

159

en oder rauszuwerfen. Irgendetwas stimmte augenscheinlich nicht mit ihm.

»Herr Pfarrer«, hauchte er, »ich bin eine Katze.«

»Dann troll dich unter die Bank«, erging meine Aufforderung. Und wirklich, ohne viel Gewese zu machen, rollte er sich unter die erste Bankreihe und blieb dort bis zum Ende des Gottesdienstes liegen.

Ich rechnete schon damit, dass nun jemand als Kamel oder Elefant nach vorne kommen würde. Es blieb aber ruhig. Die Wiederholung ist eben auch hier der Tod des Wunders.

Beim anschließenden Kaffeetrinken sprach ich diesen Vorfall an. Müdes Schulterzucken.

»Sie sollten erst mal die anderen sehen ...«

Ein anderer Inhaftierter, er besaß langes Haar und trug auch noch den Nachnamen eines biblischen Propheten, meldete sich bei mir vor dem Gottesdienst mit den Worten:

»Ich bin der liebe Gott und wollte nur einmal nachsehen, was du so machst.«

Ich freute mich innerlich schon auf den gleich beginnenden Gottesdienst. Und wirklich, er saß in der ersten Reihe und kommentierte meine Predigt mit unmissverständlichen Gesten. Daumen hoch, Daumen runter und Wedeln mit der Hand. Bleiben Sie dabei mal ernst.

Alles in allem dachte ich, die »himmlische Prüfung« ganz gut bestanden zu haben. Weit gefehlt. Sagte er doch am Ausgang zu mir, er werde jetzt wieder gehen, möchte aber vorher noch ein Päckchen Tabak von mir. Auf mein verdutztes Schweigen hin setzte er nach:

»Du wirst doch dem lieben Gott keinen Tabak abschlagen.«

»Siehst du«, erwiderte ich, »daran erkenne ich, dass du nicht der liebe Gott bist. Der raucht nämlich nicht!«

Bei diesen Schilderungen kann man noch schmunzeln. Sie hören sich recht harmlos an. Schwieriger wird es schon bei den Menschen, die ganz in ihren Rollen aufgehen, Realität und Fiktion nicht mehr voneinander trennen können. Das betraf eigentlich für mich im Knast alle »guten« Betrüger. Ich las die Meldung über einen Inhaftierten einer anderen Anstalt. Er ging an einem Sonntag zum diensthabenden Beamten und teilte ihm im vollen Brustton der Überzeugung mit, dass er von Beruf Priester sei und jetzt den Gottesdienst halten müsste. Dies sei mit dem katholischen Seelsorger, der an diesem Sonntag keinen Dienst hatte, so abgesprochen.

Und wirklich, er trat so überzeugend auf, dass man ihn in die Sakristei ließ, wo er sich die liturgischen Gewänder anzog. »An dem anschließenden Gottesdienst war nichts zu bemängeln«, so die Meldung des Beamten. Wellen hat das Ganze natürlich schon geschlagen. Wenigstens war er nicht so unverfroren, unter den Beamten eine Kollekte sammeln zu lassen.

Eine andere Erinnerung: Eines Tages brachten sie Georg zu mir. Er war hager, etwa 35 Jahre alt und vom Dialekt her kein Berliner. Ein befreundeter Kollege war zum Glück zu Besuch im Pfarramt.

Es war Freitagnachmittag. Die Beamtin, die den weinenden Georg zu uns brachte, meinte nur kurz, er habe gerade eine furchtbare Nachricht erhalten.

Georg erzählte uns von drei Söhnen, die auf dem Weg zum Flughafen gerade in einen schweren Unfall verwickelt wurden. Zwei von ihnen waren gleich tot, der dritte wurde noch künstlich am Leben gehalten. Georg sollte nun sein Einverständnis geben, den dritten Sohn abschalten zu lassen. Der Klinikprofessor wäre ein Freund der Familie, die Telefonnummer hätte er dabei. Es folgten mehrere Stunden seelsorgerlicher Begleitung in einer äußerst schwierigen Lebenssituation. Irgendwann, selbst tief mitgenommen, brachten wir ihn auf seine Zelle.

Am Montag suchte ich seine zuständige Sozialarbeiterin auf, um sie zu bitten, eine gemeinsame Beerdigung zu ermöglichen. Sie lachte.

Ich mache es kurz: Georg besaß weder eine Familie noch irgendwelche Söhne. Er hatte kein Unfallopfer zu beklagen.

War ich nun sauer? Sicher nur kurzzeitig. Irgendwie hatte ihn der Hafer gestochen, und er musste unbedingt zu mir kommen, um mir diesen Bären aufzubinden. Warum, weiß ich bis heute nicht. Sicherlich lässt sich dieses Verhalten auch nur tiefenpsychologisch interpretieren.

Gerne erzähle ich auch die Geschichte von Manfred, einem bereits in die Jahre gekommenen Bankräuber. Es geschah zur Zeit der Wende, also zu jener Zeit, als allmählich die Mauer zu fallen begann. Manfred bat mich, ihm einen Flächennutzungsplan eines bestimmten Spandauer Gebietes herauszusuchen. Einer Gegend, die direkt bis an die ehemalige Berliner Mauer heranreichte. War auch kein Problem, diese Pläne lagen ja öffentlich aus.

Als er wenig später einen Blick auf den Plan warf, wurde er leichenblass. Er setzte sich mit einem tiefen Seufzer.

»Was ist denn mit Ihnen los?«, war meine besorgte Frage.

Er erzählte mir, dass er seinen letzten »Bruch« gemacht hatte, um für die Zukunft ausgesorgt zu haben. Dabei habe er eine sehr hohe D-Mark-Summe erbeutet und fachmännisch an der Mauer vergraben. Er vertraute dabei auf Honeckers Votum, dass die Mauer noch 100 Jahre Bestand haben würde.

»Ja und?«, meine Frage.

»Na, da sollen laut Flächennutzungsplan in wenigen Wochen Wohnungen gebaut werden ...«

Er fing an zu handeln.

»Machen wir halbe-halbe, Pfarrer, wenn Sie das Geld ausbuddeln.«

Später bot er mir an, dass ich alles bekommen würde, wenn ich ihm zu seiner Entlassung eine Wohnung besorgen könnte.

Möge der Leser dieser Zeilen sich die Fragen stellen, wofür ich mich hergegeben habe. Die Antwort liegt in der Tatsache begründet, dass ich dann wohl kaum mehr dieses Buch schreiben könnte.

Einmal bekam ich einen Brief eines stadtbekannten Gewaltverbrechers, der eine sehr lange Haftstrafe abzusitzen hatte. Seine Aktionen waren gefürchtet, selbst die Beamten hielten zu ihm respektvoll Abstand. Gefangene ließen ihn auf Treppen nicht hinter sich laufen. Dabei sah er eher unauffällig aus. Ab und an hatten wir Kontakt miteinander. Ich erlebte ihn als höfliche und korrekte Person.

Er schrieb mir also, dass er sich aus einem bestimmten Grund sehr über mich geärgert hatte und er mich beim nächsten Zusammentreffen malträtieren würde. Diese Beschreibung ist jetzt allerdings die absolute Kurzform. Da der Brief sehr umfangreich war, legte ich ihn erst einmal zur Seite, um ihn abends zu lesen.

Ich ging meine »Vormelder« (Anträge auf jegliche Begehrlichkeiten der Gefangenen) durch und suchte nacheinander die Inhaftierten auf. Einer wünschte sich von mir eine bestimmte Gitarrensaite. Da nur Nylonsaiten erlaubt waren, durften wir diese auch aushändigen. Ich tat dies, und wir sprachen noch ein paar freundliche Worte miteinander. Ich verabschiedete mich. Stunden später musste ich beim Lesen des bewussten Briefes bemerken, dass er von ebenjenem Inhaftierten stammte, der die Gitarrensaite haben wollte.

Er hatte diesen massiven Drohbrief kurz vor seinem »Vormelder« geschrieben. Minuten später kam ich durch Zufall in seine Zelle und erlebte einen völlig anderen Menschen. Ich habe Glück gehabt, erklären konnte ich es mir nicht. Da trachtet jemand nach dem Leben eines anderen und bedankt sich kurze Zeit später ungerührt für eine Gitarrensaite.

Wir sprechen so gerne davon, dass ein Mensch zwei Gesichter haben kann. Gestörte Borderlein-Persönlichkeiten besitzen wahrscheinlich noch mehr Gesichter. Das entspricht ihrem Krankheitsbild. Gefährlich bleiben sie dennoch. Interessant für unsereins war nur immer die jeweilige Persönlichkeit, die wir antrafen. Voraussagen konnte man diese nie.

Einige Inhaftierte hielten sich selbst sogar für so gefährlich, dass sie sich freiwillig in die sogenannte »Stube und Küche« einschließen ließen. Dabei handelte es sich um zwei miteinander verbundene Haftraüme, wo man die Trennwand durch Gitter ersetzt hatte. Betrat man die Zelle des Inhaftierten, sprach man ausschließlich durch ein Gitter mit ihm.

Merkwürdigerweise war dies in all den Jahren der einzige Ort, den ich innerhalb der Anstalt mit Herzklopfen betrat.

Aber wie schon gesagt, es betraf nur ganz wenige Gefangene.

Bei meinen Besuchen sah ich dann jeweils Menschen mit einer ansteckenden Unruhe und flackernden Augen vor mir herumtigern. Oft waren anfangs nur kurze Dialoge möglich. Sie beschränkten sich auf Äußerungen wie:

»Ich halt's nicht mehr aus!« Nach mehreren Minuten wurden sie zusehends ruhiger, und schließlich bedankten sie sich irgendwann für mein Kommen, ohne dass sich wirklich etwas an ihrer Situation geändert hätte.

Ich habe mir immer überlegt, was wohl passieren wird, wenn man solche »tickenden Zeitbomben« irgendwann einmal entlässt. So ein Mensch ist völlig unfähig, sich in die Gesellschaft zu integrieren. Er ist auch nicht in der Lage, sich Hilfe zu suchen.

Irgendwann einmal wurden sie alle entlassen und kehrten auch nie wieder zurück. Leider war die Zahl der Gefangenen, die sich nach ihrer Haftstrafe bei uns meldeten und uns vermittelten, wie es ihnen in der Freiheit erging, recht überschaubar. Von manchem hätte ich gerne gewusst, wie er sein Leben draußen meistert.

Eigentlich meldeten sich immer nur diejenigen, die sich bedanken wollten oder voller Stolz etwas mitzuteilen hatten. Der eine hatte geheiratet, die Frau eines anderen bekam ein Kind. Wieder ein anderer erhielt nach langem Suchen eine Arbeitsstelle oder fand eine schöne Wohnung.

An zweiter Stelle meldeten sich diejenigen ehemaligen Inhaftierten, die einen deutlichen Hilferuf absetzen wollten.

»Herr Pfarrer, ich komme hier draußen überhaupt nicht mehr klar. Ich habe hier niemanden zum Reden.«

Ab und zu traf ich mich mit einigen. Manchmal half es, nur zu reden.

Ich wünsche wirklich jedem Menschen auf der Welt, dass er immer ein Gegenüber zum Reden hat. So banal dies auch klingen mag. Wir Menschen sind manchmal gerne alleine, aber in der Regel nicht für die Einsamkeit geschaffen. Und so sucht sich der Gefangene in der Zeit der Haft einen sogenannten »Passmann«. Das muss nicht unbedingt ein guter Freund sein, eher ist dies jemand, mit dem man seinen Einkauf teilt oder ergänzt, mit dem man zusammen kocht oder Karten spielt. Ich habe erlebt, dass gerade solche Passmänner einen größeren Einfluss auf ihre eher labilen Exoten besaßen als andere. Es spielte sich fast so wie in einer guten Ehe ab, wo die Defizite des einen durch die Fähigkeiten des anderen ausgeglichen werden. So konnten auch Paradiesvögel und Ver-rückte gut den Knastalltag überleben.

Leo war so ein Exot. Um die fünfzig, gut aussehend, mit schulterlangen schütteren grauen Haaren. Sein Markenzeichen war die Tatsache, dass er nur die sonst nicht vorgeschriebene Anstaltskleidung trug und sich ein blaues verwaschenes Knasthandtuch wie einen Schal um die Schulter legte.

Leo war Poet. Er komponierte und schrieb einen alles erklärenden endgültigen Roman, auf den die Welt bislang gewartet hatte.

Ständig trug er ein Bündel DIN-A4-Seiten mit sich herum, um sie jedem, der nicht schnell genug entwischen konnte, vorzulesen. Dabei handelte es sich nie um seinen Roman, sondern um eine sogenannte Deadline, in der er weitschweifig beschrieb, was er in seinem Roman zu Papier bringen wollte. Irgendwann hatten auch die Beamten die Nase von ihm voll. Sie konnten es einfach nicht mehr hören. Wegsperren konnten sie ihn in den Freistunden auch nicht so einfach. Also kam eines Tages ein Spaßvogel unter ihnen auf die Idee, ihn beim Pfarrer abzuladen. Wenn hier einer was von Literatur versteht, dann der.

An sich war Leo schon ein interessanter Mensch. Er plauderte mit mir über das Liebesleben deutscher Politiker, berichtete von ihren Partys. Er erklärte mir, wie es in Hollywood sei, wo sein Roman gerade verfilmt wurde. Und das alles mit einer solch selbstverständlichen Miene, dass ich vor ihm schon den Hut ziehen musste.

Irgendwann einmal lud ich einen seiner Freunde zu einer Pfarrersprechstunde ein. Hinterher fragte ich jenen Kumpel, was von all den Geschichten überhaupt stimmte. Er antwortete mir freimütig, dass er es auch nicht so genau wisse. Aber Leo hat es mit seinen Geschichten immer geschafft, »... die schärfsten Frauen abzuschleppen«.

Nun, damit konnten wir im Gefängnis leben, dachte ich.

Einmal kam er nach dem Gottesdienst zu mir und berichtete stolz davon, dass er nachher in seiner Zelle eine Lesung veranstalten würde. Die liefen ihm jetzt schon die Bude ein. Ganz nebenbei bat er mich um ein Päckchen Tabak.

Später erfuhr ich von einem Gruppenmitglied, dass er drei arme Schweine zusammengesammelt und ihnen dafür Tabak (meinen) angeboten hatte. Sie setzten sich dafür in seine Zelle und mussten mindestens eine halbe Stunde zuhören.

Als ich am kommenden Weihnachtsfest Gefangene ins Pfarramt zum Stollenessen einlud, schmuggelte er sich unter sie, zog sein Manuskript aus der Tasche und begann lautstark, daraus vorzulesen. Als die ersten darüber murrten, äußerte er nur: »Jungs, das ist wirklich lustig.«

Also musste wieder der Pfarrer als Spielverderber herhalten.

Irgendwann wollte er im Gottesdienst ein Konzert geben und uns seine neuste Komposition namens »Standing Ovation« vorspielen. Ich wusste es zu verhindern. Waren die »Fronten« einmal geklärt, konnte man sich ganz gut mit ihm unterhalten. Er lebte scheinbar glücklich, zurückgezogen in sich. Ich habe es nicht übers Herz gebracht, ihn aus dieser Welt herauszureißen.

Viel später traf ich ihn einmal in der U-Bahn. Er sah sehr kreativ gekleidet aus, trug nun wirklich einen Schal und hielt, für jedermann sichtbar, einen Kopfbogen mit seinem Namen und dem Beruf: Leo Weich, Komponist und Autor. Kundige sagen, es sei nur ein schmaler Grat, der Genie und Wahnsinn voneinander trenne.

Dies trifft auch für alle anderen Verhaltensauffälligkeiten zu. Wie geht es uns nach einem schweren Schicksalsschlag, der uns aus der Bahn wirft? Oder nach einer schweren Krankheit? Wir wissen, wie wir uns verhalten, wenn wir uns betrinken. Und wenn es dann kein Zurück mehr gibt, soweit Drogen unsere Persönlichkeit verändert haben? Meistens setzt sich das Gute in uns durch. Aber das muss nicht immer so sein.

Ich habe mir immer vorgenommen, dass jeder Gottesdienst, jede Chorstunde oder jede Gruppe solch einen Exoten zu tragen hatte. Das müssen wir uns einfach abverlangen.

Problematischer werden erst zwei oder drei von dieser Sorte. So gehäuft können sie alle Strukturen oder Angebote einer JVA kaputtmachen. Jeder Wohngruppenvollzug, jede Kreativgruppe oder jeder Gottesdienst kann unter dieser Massivität zusammenbrechen. Leider nimmt die Zahl der exotischen Gefangenen zu, und es ist oft leider so, dass sie für ihren Zustand nichts können, der Strafvollzug aber mit ihnen hoffnungslos überfordert ist.

Wer schreibt, der bleibt
Befreite Buchstaben

An dieser Stelle sollen die Inhaftierten selbst zu Wort kommen. Bei verschiedenen Gelegenheiten habe ich bereits darauf hingewiesen, dass etwa die Hälfte ihrer Gesprächswünsche – mich betreffend – in schriftlicher Form vorgebracht wurde. Die JVA stellte ihnen zu diesem Zweck standardisierte Formblätter zur Verfügung, »Vormelder« genannt. Es handelte sich dabei um Formulare, die von dem Gefangenen auszufüllen waren. Also Name, die Registrier-/Buchnummer und die Anschrift (in welcher Teilanstalt er sich auf welchem Flügel und in welcher Zelle befand). Darunter konnte die Art des Anliegens kurz beschrieben werden. Zum Beispiel: Ich möchte einen Arzt besuchen, ich habe Zahnschmerzen, oder ich bewerbe mich für diese oder jene Freizeitgruppe. In unserem Fall: Ich möchte dringend den Pfarrer sprechen. Den Pfarrer wollte man immer »dringend« sprechen, in der Hoffnung, dass er schnell vorbeikäme, um das Problem, das der Schreiber hatte, lösen zu helfen.

Viele vertrauten diesen offiziellen Anträgen allerdings nicht und schickten mir ihre Vormelder verschlossen in einem Umschlag mit der sichtbaren Adresse des Pfarramtes darauf. Seelsorgepost durfte nicht kontrolliert werden. Ich habe mehrere Hundert Vormelder aufgehoben. Sie sind ein Spiegel der Wünsche und Hoffnungen von Menschen, die oft am Rande der Verzweiflung standen. Sie sind mir teilweise sehr nahegegangen. Andere haben mich emotional eher erpressen wollen. Auch davon wird die Rede sein müssen. Einige wenige habe ich exemplarisch ausgewählt. Sie stehen jeweils für einen ganzen Themenkomplex. Sie sind verstümmelt und anonymisiert. Ich habe die Briefschreiber weder vorführen noch auf ihr schlechtes Deutsch hinweisen wollen. Für mich sind sie mit Herzblut oder Chuzpe geschriebene Zeugnisse der Hilflosigkeit oder Strohhalme der Verzweifelten. Sie sollen hier zu Wort kommen, weil Menschen, egal, wo sie sich befinden, eine Stimme haben müssen, die gehört werden sollte.

»Wendsch, Emil
Teilanstalt
2006

Lieber Pfarrer Dombrowsky!
Es ist lange her, dass ich mal mit ihnen gesprochen habe.
Nun bin ich schon wieder in Tegel und schwer AIDS Krank, wobei die Krankheit bei mir vor 1 Jahr ausgebrochen ist.
Vor 1 Monat erfuhr ich, dass ich Magenkrebs habe, der nicht mehr zu operieren ist.
Ich möchte mit ihnen in Ruhe reden.
Ich habe Angst, dass ich viel zu früh sterben werde.
Denn ich habe Kinder und möchte sie wachsen sehen.
Denn seit 1 Woche ist meine Frau im Krankenhaus und meine Kinder im Heim.
Frohe Weihnachten von hier und alles Glück der Welt für ihnen und ihrer Familie.
Mit freundlichem Gruß «

Kann man nach einem solchen Brief mit seiner Familie noch unbeschwert Weihnachten feiern? Wem so etwas nicht nahegeht, hat das Menschsein verfehlt. Manchmal half hier wirklich, einfach nur zuzuhören. Wie sollte man hier trösten? »Wird schon wieder!«, oder: »Kopf hoch.« Oft bekam ich bei diesen Gelegenheiten das Testament des Gefangenen in die Hand gedrückt. Inhalt dessen war nicht etwa die Verteilung irgendwelcher Besitztümer, nein, meistens ging es um den einfachen Wunsch, dass ich die Beerdigung übernehmen sollte, für den Fall, dass der Inhaftierte den Druck nicht mehr aushält und selber Hand an sich legt.

Die Gefangenen achteten sehr darauf, nicht anonym verscharrt zu werden, sondern von jemandem bestattet zu werden, der ihnen vertraut war.

Andere Gesprächswünsche und Problemfelder bewegten sich dann auch am Rande der Legalität.

»Gerd Zahrbogen
Teilanstalt 2
2011
19h Abends

Sehr geehrter Herr Pfarrer Dabrowski,
Folgendes Problem bedrückt mich,
kann aber durch sie gelöst werden.
Wie ich vom Vermieter erfuhr soll meine Wohnung
»zwangsgeräumt« werden.
Jedoch verfüge ich bei meiner Bank z. Zt. über
€ xxxx,-
Deswegen gibt es eine Lösung:

```
Barzahlung => Meine
Bankkarte + Geheimzahl
Dachte ich, daß Sie diese kleine Unannehlich-
keit, wie vorerwänt, Um Gottes Willen
Erledigen.
Mit tiefer Hoffnung
Und Dank
Bin ich in Christo
Ihr G.Zahrbogen«
```

Selbstverständlich war es auch einem Geistlichen streng
verboten, mit den auf der Hauskammer gelagerten EC-Kar-
ten der Inhaftierten irgendwelche Transaktionen durchzuführen.

Ein Inhaftierter, der besonders schlau sein wollte, ließ mir
einfach Post von seinem Anwalt zukommen, die ich ihm ver-
botenerweise aushändigen sollte. Es sollte sich um Arbeits-
zeugnisse handeln, die er seinen Bewerbungsunterlagen zufü-
gen wollte. Er hatte vor, in der JVA eine Lehre zu beginnen. Er
rechnete allerdings nicht mit meinem gesunden Misstrauen.
Als ich das große Kuvert öffnete, enthielt es Dutzende Bewer-
tungsbögen für Prostituierte, sogenannte Nuttenzeugnisse.
Man kann nicht unbedingt sagen, dass er mich beschwindelt
hätte, handelte es sich doch auch um so etwas wie »Arbeits-
zeugnisse«. Ich kann an dieser Stelle allerdings hoch und hei-
lig versichern, dass derartige Zeugnisse in der JVA zum Erlernen eines Berufes nicht benötigt werden. Folglich schickte ich
das ganze Paket retour.

Andere hatten augenscheinlich ein schlechtes Gewissen
und verwirrten mich mit der Art ihrer Fragestellung:

»Sehr geehrter Herr Dabrowski,
Da sie durch mein Verhalten in Schwierigkeiten
gebracht worden sind, möchte ich mich bei ihnen
Entschuldigen und sie bitten, mich aber deswe-
gen nicht mehr zum telefonieren zu holen ...
Aus diesem Grund bin ich darauf angewiesen Sie
ab und zu um ein Telefonat zu bitten.
Bitte holen sie mich noch diese Woche.
Mit freundlichen Grüssen
Andre Hesse«

Problematischer wurde es, wenn Inhaftierte mit Straftaten
drohten und versuchten, mich auf diesem Wege indirekt zu
erpressen. Auf die leichte Schulter konnte man so etwas nie
nehmen. Leider waren auch die Möglichkeiten zu helfen arg
eingeschränkt, vor allem wenn es sich um völlig unrealisti-
sche Forderungen handelte. Folgender Brief erging an mich
ohne Absender und Unterschrift, dafür aber mit einer hand-
festen Drohung, erkenntlich an der Höhe des zu erwartenden
Strafmaßes:

»Na gut! Berlin 11/96
Es hat sich an meiner situation genau das geändert was ich erwartet hebe nämlich nicht´s!
Seit Ich diese sache zur sprache gebracht habe
sind 4 Wochen vergangen und was habe ich gehört
nur dumme ratschläge.
Gut es soll keiner sagen ich hätte es nicht im
guten versucht. Ab sofort werde ich die sache
so klären wie ich es ursprünglich vor hatte und

die 15 J. die der Preis sind neme ich Ohne weiteres in kauf.«

Trotz vielfältiger Bemühungen ist es mir nicht gelungen,
den Schreiber dieser Zeilen ausfindig zu machen. Er hat sich
auch nie wieder an mich gewandt, und zum Glück blieb die
Anstalt von der angedrohten Straftat (15 J. = Mord) verschont.
Gefragt war ich dennoch erst einmal.

Gänzlich überfordert war ich bei Anfragen von Freundinnen der Gefangenen, warum »mein Schatz« nicht mehr
schreibt oder anruft. Diese Anfragen waren ja durchaus
ernsthafter Natur und drückten eine unmittelbare Sorge aus.
Natürlich sprach ich mit den Gefangenen. Nur, diese eierten
meistens herum, indem sie mir versicherten, sich umgehend
bei ihrer Freundin zu melden. Taten sie aber kaum. Also
meldete sich postwendend nach zwei Tagen die Freundin
erneut:
»... Sie haben mir aber doch gesagt, er meldet sich!« Also
wieder zurück zum Inhaftierten ...

Folgende Frau setzte noch einen drauf. Sie hatte ihrem
Liebsten ein Foto geschickt, worauf dieser sich nicht mehr bei
ihr meldete. Also schickte sie mir jenes Foto zur Bewertung.
Leider dürfen auch Pfarrer nicht lügen.

»Lieber Herr Dabrowski!!
Vielen Dank für das Gespräch mit ihnen ...
Anbei auch das popelige Bild von mir, welches
ich Uwe hab zukommen lassen.

Ist daran vielleicht etwas suspekt???
Seh ich da oberlehrerinnenmäßig oder zu fromm
aus???
Dabei schreibe ich Männern privat grundsätz-
lich niemals, nur ganz selten.
Und das mit dem Bild war nur aus zweckmäßigen
Gründen, weil es das Neueste ist.
Melden Sie sich ...«

Über Frauen mit einem fehlgeleiteten oder sehr ausge-
prägten Helfersyndrom sprach ich ja bereits an anderer Stelle.
Manchmal war es sehr hilfreich, sich hinter dem Stichwort
»Datenschutz« verstecken zu können.

»Sehr geehrter Herr Pfarrer!
Ich habe ein sehr großes Anliegen, mit dem ich
mich an sie wenden möchte ...
Am xx sah ich die Sendung xx. Dort kam ein Be-
richt über xx sein Sohn.
Er habe seine Freundin und deren Freund ermor-
det ...
Ich schrieb an die Sendung, dass ich gern mit
dem Sohn Kontakt haben möchte, da sich alle
Freunde und Bekannte von ihm abgewandt hätten
und nichts mehr mit ihm zu tun haben wollen.
Ich möchte diesen Kontakt.
Können sie mir weiter helfen?«

Und dann wiederum:

»Sehr geehrter Herr Dabrowski!
Vielleicht ist ihnen schon aufgefallen, dass
ich seit ein paar Wochen nicht mehr am Gottes-
dienst teilnehme.
Der Grund:
Mir geht es seelich sehr dreckig, so das ich
darum bitte sterben zu dürfen ...
... Sie brauchen mich auch nicht wegen eines
Gespräches aufzusuchen, da ich zur Zeit nicht
darüber reden möchte warum ich sterben möchte
...«

Hier hätte es auch weniger dramatischer Worte bedurft.
Selbstverständlich suchte ich ihn sofort auf.

Solche Briefe waren auch immer eine Anfrage an mich
selbst. Was für einen abweisenden Alltagsgesichtsausdruck
hatte ich beim Gang durch die Anstalt aufgesetzt, dass die Inhaftierten Bitten vortrugen, die kaum noch steigerungsfähig
waren? Unterstellten sie mir, dass ich ihre kleinen Zeichen
und Hinweise nicht mehr erkannte? War das eigene Fell über
den Augen bereits so dick geworden, dass ich es nicht bemerkte, wenn jemand seit Wochen nicht mehr kam?
Auf die Frage, warum der Gefangene mich nicht angesprochen hatte, bekam ich schon mal die Antwort: »Na, mit welchem gehetzten Gesichtsausdruck ich Sie da wieder gesehen
habe ... Das hat mich einfach abgehalten ...«

Wie sehr ich diesem Inhaftierten in den Folgejahren dennoch helfen konnte, illustriert ein weiterer sehr bewegender
Brief an mich. Im Jahre 2007 berief mich meine Kirche zum

Landespfarrer für Gefängnisseelsorge. Zu diesem Zweck
gab es einen großen Gottesdienst in Tegel mit anschließen-
dem großem Bahnhof. Viele Gefangene hatten nun Angst,
ich würde Tegel verlassen und in irgendeiner kirchlichen
Behörde versauern. War aber nicht der Fall. Ich behielt wei-
terhin meine Pfarrstelle in Tegel, einschließlich des Predigt-
auftrages.

»Hallo Herr Dabrowski!
Heute ist mir auf dem Weg zum Telefon ein Pla-
kat aufgefallen, dass mir erzählt, Sie werden
am 23. September 2007 zum Landespfarrer für
Gefängnisseelsorge ernannt.
Heißt dies, Sie werden die Stelle als Pfarrer
in der JVA Tegel Kirche aufgeben?
Sonntags Gottesdienst ohne Sie, ist als wenn
man einem Baby seinen Schnuller weg nimmt, da
fehlt ein großes Stück ...«

Manchmal putschte auch mein engstes Umfeld und setzte
damit unüberhörbare Zeichen. Reagieren musste ich immer,
aber entscheiden konnten nur sie selbst:

»Werter Herr Dabrowski,
ich bedaure aufrichtig Ihnen, der Gruppe und
ihrem Kollegium, hier mitteilen zu müssen, das
ich aus Kapazitären und persönlichen Gründen
künftig nicht mehr an der Bibelgruppe teilnehmen kann.

Der Dissens mit der hiesigen Strafvollzugsver-
antwortlichkeit beansprucht meine Ressourcen
über jedes Maß hinaus, so dass eine disponier-
te Einteilung selbiger unumgänglich wird ...«

Oder:

»Frank Höffke
Berlin, den 20.02.
Sotha
Station

JVA Tegel Kirche
Ev. Pfarramt
Herrn Dabrowski

KÜNDUNG DER GRUPPEN

Sehr geehrter Herr Dabrowski,
hiermit kündige ich die Zugehörigkeit zur Bi-
belgruppe und zum Chor mit sofortiger Wirkung.
Gründe:
Die Bibelgruppe ist mir zu unruhig, erst mal
Essen und Trinken dann mal so langsam anfangen
mit der Bibel.
Viel zu viel Privatsachen werden besprochen,
es wird nicht mit Ernst die Bibel studiert.
Für heute wars das.
Mit freundlichen Grüßen
Frank Höffke«

Die Begrenztheit der eigenen Ressourcen wurde mir immer wieder deutlich, wenn ich nachfolgende Briefe von ehemaligen Inhaftierten bekam. Wie gerne hätte ich sie an irgendeine Gemeinde oder Vertrauensperson verwiesen. Umsonst. Ihnen lagen so viele Jahre Knast auf dem Buckel, dass sie nur mich kannten und Vertrauen auch leider nur zu mir aufbrachten. Als Adresse stand auf dem Umschlag:

»Herrn
Pfarrer Dabrowski
Den besten Pfarrer der EV, wo Tegel gesehen hat!
JVA Tegel
Seidelstr. 39
13507 Berlin

Lieber Herr Dabrowski!
Zur Zeit geht es mir echt voll Scheiße – und
ich weiß kaum noch weiter!
Ich habe Bock auf Ruhe!
Hilfe!«

Zum Glück besaß dieser Inhaftierte eine kompetente, zuverlässige und erfahrene Vollzugshelferin. Sie erhielt die gleichen Signale. Eine Rundumbetreuung, die an dieser Stelle angebracht wäre, konnte allerdings auch sie nicht leisten.

Es gab auch Zeiten, da wurden wir regelrecht überschwemmt mit Angeboten evangelikaler Zeitgenossen und Institutionen, die Menschen in den Knast schickten, damit diese dort Zeugnis abgeben konnten, was für ein sündiges Leben sie geführt hatten, bevor sie Jesus kennenlernten. Manchmal hatte man den starken Eindruck, dass da eine »Droge« durch die andere ersetzt wurde.

Kritisch sah ich darin nur den kompromisslosen Ansatz, der da gepredigt wurde. Bekenne dich jetzt und sofort zu Jesus, und du bist gerettet. Das ist mir zu wenig.

Glaubhafter wäre ein Zeuge gewesen, der verkündet hätte, dass er schon vor seiner Bekehrung zu Christus ein höflicher Mensch war, der keiner Fliege etwas zuleide getan hatte. Dass er nie gestohlen hatte oder fremdgegangen war. Dass er Christ wurde, ohne vorher ein sündiger Mensch gewesen zu sein. Diese Schwarz-Weiß-Malerei empfand ich immer als abstoßend. Da wurden Menschen vorgeführt und belohnt (Du gehörst jetzt zu uns, wir kümmern uns um dich.).

Manchmal schickte man auch Prominente ins Gefängnis, deren Kompetenz auf anderem Gebiet sie automatisch auch kompetent in Glaubensdingen werden lassen sollte.


```
»Arbeitskreis Christlicher ... e.V.
Der Vorstand
Herrn Pfarrer Dabrowski
Seidelstraße 37
JVA Tegel
13507 Berlin


Sehr geehrter Herr Dabrowski,
der US Astronaut, General aD Dr. Charles Duke,
ist für 10 Tage unser Gast und dabei auch zwei
Tage in Berlin ...
Der Termin für Sonntag vormittags könnte noch
besetzt werden.
```

Duke berichtet ... - sondern auch von der Qualität des Evangeliums. Falls sie ein Interesse haben, ihn für 30, 40 Minuten in ihren Gottesdienst einzubauen, erbitte ich ein Zeichen.«

Ich habe ihn später im Fernsehen gesehen und gehört und es nicht bedauert, ihn nicht eingeladen zu haben. Er war bestimmt ein sehr guter Astronaut ...

Ohne nun einzelne Berufsgruppen gegeneinander ausspielen zu wollen, wird im folgenden Brief der Stand und die Erwartung an die Seelsorge besonders deutlich. Wir führten keine Gefangenenakten und wurden niemals zu Stellungnahmen oder Protokollen der Gespräche mit Gefangenen befragt. Unsere Gespräche konnte man rein technisch mit der Beichte vergleichen. Ein geschützter Raum, zwei Menschen und vier Ohren. Mehr nicht.

»Horst Seberger
Gef.-B.-Nr.:xxx
Ta.xxx Berlin,xxx

Werter Herr Dombrowski!
Ich sitze nun schon seit fast 6 Jahren in Haft und habe viel über mich und mein Leben nachgedacht. Mich mit meiner Straftat auseinander gesetzt und mir Fragen über meine Zukunft und meine Vergangenheit gestellt. Ich würde gern mit jemandem reden, doch leider kann ich es nicht. Das Gefängnis hat den Nachteil, daß

sobald ich mit jemandem rede, sofort ein neues psychologisches Profil von mir erstellt wird. Das aber will ich nicht. Ich möchte mit jemandem reden, als wenn ich mit einem Freund reden würde. Jemand der nicht gleich Vorurteile hat oder psychologische Profile erstellel will. Von Haus aus bin ich kein religiöser Mensch, doch ich hoffe, daß die Kirche ein offenes Ohr für mich hat. Vielleicht hilft es mir ja, die Kuriositäten meiner Gedanken zu verarbeiten. Ich würde mich freuen, von Ihnen zu hören. Ich danke Ihnen im voraus.
Horst Seeberger«

Manchmal schien auch der »Knastfunk« falsche Signale zu senden. Ein osteuropäischer Inhaftierter, den ich jahrelang zum orthodoxen Gottesdienst abholte, schrieb mir, scheinbar unter großem Sexualdruck stehend, folgenden Brief. Seine darin enthaltene Bitte konnte ich leider, bei allem Verständnis, nicht erfüllen:

»An den Herrn E.v. Fahrer Dobrowski
Da ich sehr glaubige mensch bin möchte ich ihn sagen das es in islamischer Religion Selbst befridigung verboten ist und da ich xx Jahre in Haft bin und noch über xx Jahre vor mir habe Daher bitte ich sie mir eine Spechstunde unswar ganz allein mit meine lebenspartnerin zu verbringen ...«

Über den »wirklichen« Tatort
Das Gehirn und die Denke der schweren Brüder

Was andere mit wissenschaftlichen Methoden erforschen, habe ich über die Jahre selbst erfahren. Ich bin ein intensiver Beobachter und beschreibe meine Beobachtungen. Einer meiner intensiveren Gesprächspartner in der JVA war über viele Jahre Fred Grün. Jugendliches Aussehen bei einem reifen Alter von über 40 Jahren. Lebenslänglicher Gefangener mit besonderer Schwere der Schuld. Ohne Aussicht auf Entlassung.

Er war ein lustiger Vogel. Anstaltsbekannt wegen seiner vielen Streiche, so auch einer bühnenreifen Flucht. Aber er besaß auch jene andere Seite, die ihn so gefährlich machte.

Irgendwann erklärte er mir, Ahnenforschung betreiben zu wollen, weil er herausgefunden hatte, dass etliche seiner Vorfahren ebenfalls kriminell waren. Sollte es, so seine Frage, so etwas wie vererbbare kriminelle genetische Dispositionen geben? Dann konnte er gar nicht anders, als ebenfalls schwer kriminell zu werden. Und wenn es so war, wäre er dann überhaupt schuldfähig? Ein an sich interessanter Ansatz, würde er nicht von einem Kriminellen kommen. Denn was würde sich für Fred ändern, wenn dem so wäre? Sollte man Menschen aus der Haft entlassen, die gar nicht anders konnten, als zu rauben, zu morden oder zu stehlen? Natürlich immer mit dem Hintergrundwissen, dass ihre Gefährlichkeit ja bliebe.

Ich habe mich selbst auf den Weg gemacht und herausgefunden, dass es in der Tat in Tegel ganze Verbrecherdynastien gab. Nur waren sie nicht so repräsentativ vertreten, dass man allgemeingültige Schlussfolgerungen daraus ziehen konnte.

Aber deutlich wurde hier schon etwas.

Gelingt es einer Familie nicht, kriminelles Verhalten und das dementsprechende Milieu zu verlassen, setzt sich dieses Verhalten über Generationen weiter fort. Kollegen von mir setzten sich in diesen Fällen gedanklich für Beschränkungen in der Möglichkeit, sich fortzupflanzen, ein. Ein Votum, dass ich noch des Öfteren hinter vorgehaltener Hand von Experten hören sollte. Unsere deutsche Geschichte verbietet es uns für alle Zeit, darüber laut nachzudenken. Doch damit ist weder den Tätern noch den potenziellen Opfern geholfen.

Ich habe mir, auch zum Selbstschutz, über die Jahre angewöhnt, meine Menschenkenntnis dahingehend zu optimieren, dass ich die jeweils andere Seite im Charakter eines Menschen suchte. Denn eins ist sicher, Schuld am Ganzen ist einzig und allein unser Gehirn. Auch der Gestörteste, der Aggressivste oder der perfekteste Betrüger lässt irgendwann einmal seine Maske fallen. Es gilt, die wenigen herauszufiltern, die wirklich eine permanente Gefahr für ihre Umgebung darstellen und eingesperrt bleiben müssten.

Fred Grün wird also seine Strafe absitzen müssen. Auch wenn die genetischen Faktoren, seine Erziehung und seine Sozialisation das aus ihm gemacht haben, was er jetzt ist.

Es gab im Fernsehen eine Show, die auch gerne im Knast gesehen wurde. Dort schickten Eltern ihre kleinen Mädchen, wie Erwachsene gekleidet und geschminkt, auf die Bühne. Mit den Angehörigen einer entsprechenden Deliktgruppe war es während dieser Sendung schier unmöglich, in ein Gespräch zu kommen. Ob die stolzen Mütter das ahnten?

Nun bin ich weit davon entfernt zu behaupten, Mädchen und Frauen seien durch ihr Outfit selber daran schuld, dass sie missbraucht werden. Was ich aber damit ausdrücken möchte, ist die Tatsache, dass jeder Mensch sich über äußere Reize, also über das Gehirn, Appetit für seine Sehnsüchte und Süchte holt.

Ich belächelte es als junger Vater immer, wenn befreundete Elternpaare beim Medienkonsum ihrer Kinder nur dafür sorgten, dass diese nicht die Pornos ihrer Eltern fanden, sie sich aber nicht im Geringsten dafür interessierten, was ihre Sprösslinge sich tagtäglich für gewaltverherrlichende Filme und Spiele reinzogen. Gefangene berichteten mir ganz freimütig darüber, wenn ich sie nach ihren kulturellen Präferenzen befragte. Irgendwann wird so etwas ein Selbstläufer mit hohem Suchtpotenzial. Und irgendwann kann dann nach meiner Meinung aus dem Spiel Ernst werden, weil man nicht mehr fähig ist, beides auseinanderzuhalten.

Wie kaputt man das Gehirn eines Menschen machen kann, habe ich auch an ganz anderen Beispielen gesehen. Gefangene Gewalttäter berichteten mir aus ihrer Kindheit. Nicht wenige von ihnen wurden oftmals heftig geschlagen. Über viele Jahre hinweg geschah es mit einer auch für sie völligen Selbstverständlichkeit. Der Stärkere hat eben das Recht dazu. Irgendwann, so zwischen 14 und 16 Jahren, wehrten sie sich und schlugen zurück. Ab sofort wendete sich das Blatt. Jetzt waren sie die Stärkeren, und zu den Stärkeren blickte man auf. Inhaftierte Jugendliche, die sich am Bahnhof Zoo prostituierten, berichteten von massiven Missbrauchserfahrungen in ihrer Kindheit durch Onkel, Vater, Mutter oder Erzieher.

So zieht es sich auch durch die ganze Palette kriminellen Verhaltens. Ein paar falsche Gene, eine schlechte Erziehung, versagende Eltern. Dazu wenig Liebe und kaum Geborgenheitserfahrungen, und schon wird man kriminell ... Stimmt nicht.

Man könnte viele Biografien so auslegen. Aber irgendeiner schlechten Erfahrung, irgendeinem falschen Einfluss waren wir alle einmal ausgesetzt, und doch entwickeln sich nur wenige zum Straftäter. Es liegt also auch immer an einer gehörigen Portion Eigenanteil, die im Nachhinein niemand definieren und benennen kann.

Sicher ist aber auch, dass eine gehörige Portion Liebe, Wertschätzung und Geborgenheit in der eigenen Erziehung viel ausmachen. Also positiver Gehirninput. Ab einem bestimmten Alter ist dann aber jeder selbst für diesen Input verantwortlich.

Das Gehirn steuert aber auch die wohl größte Triebkraft kriminellen Verhaltens, unsere Aggressivität. Das konnte ich fast jeden Tag vor Ort erleben. Die Männer waren zum Teil sehr aggressiv und aufgeheizt. Das deckt sich mit der Tatsache, dass, nicht nur in Deutschland, sondern auch weltweit, 95 % der Delinquenten Männer sind. Ich hätte nie gedacht, dass Frauen mit dieser für sie doch sympathischen Statistik der restlichen 5 % ihre Probleme haben könnten, bis ich vor drei Jahren einen Vortrag über unsere Arbeit in einer Neuköllner Einrichtung der Arbeiterwohlfahrt hielt.

Als ich dort diese als gesichert geltenden Zahlen nannte, unterbrach mich eine sehr engagierte Feministin mit den Worten:

»Jetzt erzählen Sie aber Unsinn. Wir Frauen haben das gleiche Recht, kriminell zu sein, wir tun es nur geschickter.«

Fred Grün sitzt übrigens zum wiederholten Male im Gefängnis. Um seine zukünftige Entlassung muss er sich in den nächsten Jahrzehnten keine Gedanken machen. Schade ist es trotzdem.

Sicher, er und nur er ist für seine Taten verantwortlich.

Dennoch haben augenscheinlich viele Wegbereiter seines Lebens auf ganzer Strecke versagt. Wenn ich jetzt forsch behaupte, dass ihm dies alles erspart geblieben wäre, hätten wir uns früher gekannt, drückt es einen Hauch Wahrheit aus. Ein guter Zuhörer oder eine liebevolle Frau an seiner Seite hätten vielleicht etwas Positives in sein Herz bringen können.

Ein totalitärer Staat wäre wohl in der Lage, dank diagnostischer Methoden potenzielle Straftäter frühzeitig zu isolieren. Versuche laufen. Hüten wir uns vor solchen gedanklichen Spielereien. Ich rufe jetzt nicht weltvergessend und idealisierend: »Peace, Peace!«, und meine, damit alle kriminellen Probleme der Welt lösen zu können. Aber ein wenig sollten wir an uns glauben, ein wenig Einfluss auf andere sollten wir uns schon zutrauen.

Wir sind alle unschuldig
Über die wahren Justizirrtümer
Der Fall »Werner«

Ich werde immer wieder gefragt, ob im Gefängnis auch Unschuldige sitzen. Natürlich leben im Gefängnis auch Menschen, die zu Unrecht einsitzen. Wie geht denn das, werden Sie jetzt fragen. Ohne das Untypische zum Typischen erheben zu wollen, wage ich den Versuch einer Antwort.

Jetzt, wenn Sie dieses Buch lesen, haben Sie ein Alibi. Aber kann Ihnen jemand Ihr Lesen bezeugen? Kann auch jemand bezeugen, wo Sie sich vor Wochen oder Monaten zu einer ganz bestimmten Zeit aufhielten? In jedem Prozess geht es meist um solch ein Alibi. Beweise ich, dass ich mich zum Tatzeitpunkt 100 Kilometer vom Tatort entfernt aufhielt, bin ich aus dem Schneider. So einfach ist das. Aber genauso einfach ist es auch für Ermittlungsbehörden, mich ohne ein wasserdichtes Alibi für Jahre in den Knast zu schicken. Tun die ja nicht aus Boshaftigkeit ...

Ich behaupte, so richtig unschuldig ist auch der Unschuldigste oft nicht. Verkehre ich zum Beispiel im Dealer- oder Zuhältermilieu, weiß ich um die dortige gefährliche Nähe von Kriminalität. Fiel ich sogar schon einmal aktenkundig auf, sei es, weil ich in den Ferien, die so langweilig waren, ein Haus besetzte oder weil ich auf dem Schulhof ein paar Mal dabei erwischt wurde, wie ich einen »Aufleger« (Hasch) rauchte, steht dies in irgendeiner Akte. Später im Prozess, obwohl alles schon seit Jahrzehnten verjährt ist, heißt es dann: »Herr X wurde schon in jungen Jahren delinquent auffällig.«

Wir besitzen also zumindest einen geringen Eigenanteil an der Sachlage. Ich spreche nicht von Schuld, sondern von der Tatsache, dass in vielen Kellern eine »Leiche« schlummert.

In einem anderen Beispiel attestierte mir sogar die Staatsanwaltschaft die Unschuld eines Gefangenen. Es geschah kurz nach der Wende. Herbert kam von der Waterkant, um es genau zu sagen, aus Stralsund. Ich erlebte einen fröhlichen Menschen, wie er so vor mir auftauchte und mich um eine Sondersprechstunde für seine Frau bat. Nach einem kurzen Hintergrundgespräch offenbarte er mir munter, dass er wegen zweifacher Vergewaltigung in Berlin einsaß. Nun hätte sich seine Unschuld herausgestellt, doch trotzdem müsste er weiter im Vollzug verbleiben. Diese Geschichte interessierte mich. Als mich später Herberts Frau besuchte, erfuhr ich die volle Wahrheit.

Ein paar Jahre vor der Wende wollte die Staatssicherheit der DDR Herbert, den Matrosen, als Spitzel werben. Nicht nur, dass er dieses Ansinnen vehement ablehnte, er machte auch keinen Hehl aus seiner Verachtung für die Drohungen von Seiten der Staatssicherheit.

»Das mit der Seefahrt können Sie für alle Zeit vergessen!«, war deren Antwort darauf.

Eine Weile passierte gar nichts. Dann, so berichtete seine Frau, saßen sie eines Sonntags mit den beiden Kindern beim Frühstück, als die Kriminalpolizei kam und Herbert verhaftete. Gründe wurden ihnen nicht genannt. Später hieß es, er hätte zwei junge Frauen in Stralsund vergewaltigt. Es kam zum Prozess. Die beiden Herbert völlig unbekannten Frauen sagten aus, und er bekam dafür sechs Jahre Haft aufgebrummt. Er wurde sofort nach Rummelsburg, der Haftanstalt im damaligen Ostberlin, gebracht.

Jahre später kam die Wende. Die Ost-Urteile wurden formal dem »Westrecht« angepasst. Zu diesem Zeitpunkt hatte Herbert noch zwei Jahre abzusitzen. Nachdem die Ostberliner Anstalt geschlossen wurde, kam er zu mir nach Tegel. Sein Vater ließ in der Zwischenzeit nicht locker. Er bekam zusammen mit Herberts Ehefrau Einsicht in seine Stasiakte. Was sie dort sahen, war so schockierend und beruhigend zugleich. Bei den beiden jungen Frauen handelte es sich um Angehörige des Ministeriums für Staatssicherheit. Die Anklage war fingiert und als Rache an Herbert initiiert.

Der Vater machte sogar die beiden Frauen ausfindig. Diese korrigierten ihre Aussagen, und Herbert wurde ohne neuen Prozess freigesprochen. Dennoch saß er weiter bei mir in Tegel. Ich rief bei der Staatsanwaltschaft in Stralsund an. Die gaben mir sogar Auskunft. Mit Knastpfarrern, erkenntlich an ihrer Diensttelefonnummer, hatten sie noch nie etwas zu tun.

»Ja«, sagten sie. »Stimmt alles, aber wir brauchen bestimmt noch sechs Monate, bis wir alle Urteile umgeschrieben haben.«

Ich wünsche, dass Herbert dieses Buch auf hoher See liest.

In einem Gespräch mit einem unserer ehemaligen Anstaltsleiter über dieses Thema meinte dieser, dass seinem Eindruck nach in Tegel permanent zwei bis drei unschuldig Verurteilte einsitzen würden. Diese Einschätzung deckt sich auch mit meiner über 20-jährigen Erfahrung bei Amnesty International. Gerade bei unschuldig zum Tode Verurteilten, wie in den USA, ist diese Tatsache besonders prekär. In den letzten Jahren konnten allerdings viele von ihnen aufgrund von nachträglichen DNA-Tests vor der Giftspritze gerettet werden. Gerade hier sollte der alte Rechtsgrundsatz »Im Zweifel für den Angeklagten!« gelten.

Der Fall, den ich jetzt schildern werde, ist einschließlich des Namens authentisch. Wer mag, kann den Namen »Andreas Werner« auch bei Google unter www.deutschlandfunk.de eingeben. Dort wird man umfangreiches Material und zahlreiche Artikel zu dem Fall finden.

Ich habe Herrn Werner bereits kennengelernt, bevor er zu uns nach Tegel kam. Eine Kollegin aus der Untersuchungshaftanstalt Berlin-Moabit rief mich eines Tages an und bat mich, einen besonderen Häftling, der gerade zu einer lebenslangen Haftstrafe verurteilt worden war, in Empfang zu nehmen. »Hier«, so ihre Worte, »stimmt etwas ganz und gar nicht.«

Als Herr Werner kurz darauf nach Tegel verlegt wurde, holte ich ihn zu mir. Auf den ersten Blick hin schätzte ich ihn auf mein Alter. Kräftige Figur, kurze Haare. Ein einnehmender, äußerst freundlicher Blick fiel mir sofort auf. Er war auch szenemäßig untypisch gekleidet, eher wie ein Sozialarbeiter oder Psychologe. Er saß vor mir, in sich ruhend, mit offenem, wachem Blick. Nach wenigen Sätzen bemerkte ich sein gutes Ausdrucksvermögen. Spätestens an dieser Stelle hätte ich sonst auf einen Betrüger getippt. Bei Andreas Werner verhielt es sich anders. Weder fiel er nach den ersten Gesprächen, die sich über Wochen hinzogen, gewissermaßen mit der Tür ins Haus noch war er, was seine Straftat anbetraf, in irgendeiner Weise larmoyant und haderte mit seinen schwierigen Lebensumständen ... Ich hatte den Eindruck, dass Herr Werner mit seinem Schicksal abgeschlossen hatte.

Er stellte Fragen. Er reflektierte meine Arbeit. Wir unterhielten uns über Gott und die Welt. Irgendwann fragte ich ihn nach seiner Verurteilung.

Andreas Werner war Architekt und besaß ein Immobilienunternehmen. Seine Spezialität war der sozusagen schlüsselfertige Verkauf gebrauchter Immobilien. So lernte er auch sein angebliches Opfer kennen. Einen ledigen Mann, der Deutschland aufgrund von Erbschaftsstreitigkeiten in Richtung Südafrika verlassen wollte. Andreas Werner sollte zu diesem Zweck sein Grundstück in zwei Hälften verkaufen. Er tat dies, überwies das Geld, was das angebliche Opfer auch später seinen Nachbarn gegenüber bestätigte. Ich habe sie selber dazu befragt. Da das angebliche Opfer früher geschäftlich mit Südafrika zu tun hatte, zog er, so unsere Vermutung, alsbald dorthin. Er bedankte sich noch einmal telefonisch sowie mit einer Postkarte bei seinem Immobilienverkäufer aus Südafrika. Herr Werner erhielt seine Provision, und der Verkauf war für ihn abgeschlossen.

Monate später suchte ihn die Kripo Berlin auf und befragte ihn nach seinem ehemaligen Kunden. Nichtsahnend gab Herr Werner Auskunft. Auf die Frage nach dem Grund ihres Besuchs teilte man ihm mit, dass die Familie des Kunden eine Vermisstenanzeige aufgegeben hatte, weil ihr Familienmitglied nicht mehr aufzufinden war.

»Natürlich finden Sie ihn nicht, der ist doch in Südafrika«, so die Auskunft von Andreas Werner. »Hab doch selber einen Anruf und eine Postkarte von ihm erhalten.«

»Besitzen Sie die Postkarte noch?«, fragte der Kripobeamte.

»Natürlich nicht. Wer hebt sich denn neben der Geschäftspost auch noch Ansichtskarten auf?«

Andreas Werner wurde später noch einmal von der Kripo aufgesucht, augenscheinlich kamen sie mit ihren Ermittlungen nicht weiter.

Am 25.07.2000 wurde Andreas Werner unter dem Vorwurf des Mordes an seinem Klienten verhaftet und kam in die

Untersuchungshaftanstalt Berlin-Moabit. Dort wartete er auf seinen Prozess.

In der Zwischenzeit verlor er alles. Seine Firma musste geschlossen werden, die Angestellten wurden entlassen. Seine Frau und seine Kinder standen plötzlich ohne Ehemann und Vater da. Die Konten wurden eingefroren, und der Rest des Geldes ging für einen Anwalt drauf. Es war ein erfahrener Anwalt, und es handelte sich um den letzten Prozess vor seiner Pensionierung.

»Herr Werner«, sagte er, »die haben null Beweise. Sie sagen vor Gericht nichts und lassen mich machen. Anderenfalls lege ich mein Mandat sofort nieder. Etwas anderes als ein sofortiger Freispruch kann hier nicht herauskommen.«

Gesagt, getan. Der Prozess nahm seinen Verlauf. Bei einem informativen Gespräch vor der Urteilsverkündung zwischen den Richtern und dem Verteidiger drohte der Richter mit einer lebenslangen Freiheitsstrafe mit besonderer Schwere der Schuld, falls es nicht sofort zu einem Geständnis käme. Bei einem Geständnis und der Hinführung zur Leiche könnte man über eine zweistellige Zeitstrafe nachdenken.

Man warf Andreas Werner also vor, seinen Kunden getötet zu haben. Die Leiche hätte er spurlos verschwinden lassen, um später die Identität seines Opfers annehmen und seine Konten abräumen zu können. Andreas Werner bestritt konsequent alle Vorwürfe. Dann wurde das Urteil verkündet. Es erging eine lebenslange Freiheitsstrafe mit besonderer Schwere der Schuld.

Für Herrn Werner bedeutete dieses Urteil, dass eine Entlassung nach einer Mindestverbüßungszeit von über 15 Jahren nicht möglich wäre. Das Ganze, wie gesagt, ohne Leiche, ohne Zeugen, ohne Geständnis, ohne Tatwaffe, ohne gesicherten Tatort und ohne Motiv ...

Man hat sämtliche Grundstücke und Autos von Herrn Werner akribisch auf Leichen- und DNA-Spuren untersucht. Man fand nichts.

Der vom Gericht angenommene angebliche Todeszeitpunkt wurde durch mehrere Zeugen nicht bestätigt, weil diese das Opfer eindeutig und glaubhaft zu jener Zeit noch gesehen hatten. Ich habe mit all diesen Zeugen persönlich gesprochen.

Herr Werner besaß sogar für einige Punkte aus seiner Anklageschrift ein Alibi. So soll er das Auto des Opfers um 18 Uhr einem Autohändler übergeben haben, während er fast zur gleichen Zeit in seiner Firma den Postabholservice empfing. Bei diesem Alibi fehlte etwa eine halbe Stunde, in der man ihm unterstellte, quer durch die Stadt gefahren zu sein.

Bis dato lebte Herr Werner als Familienvater mit seinen 44 Jahren ein unauffälliges Leben, ohne je strafrechtlich in Erscheinung getreten zu sein. Alle Gutachten attestieren ihm bis heute ein ausgeglichenes Wesen ohne die geringste Spur von Aggressivität, die für eine derartig grausame Straftat notwendig gewesen wäre. Herr Werner könnte heute entlassen werden, würde er ein Geständnis ablegen und eine Leiche präsentieren. Das mit dem Geständnis wäre eine intellektuelle Herausforderung. Nur, eine Leiche kann man nicht so schnell herbeizaubern.

Etliche Menschen haben bisher versucht, etwas Licht in die Dunkelheit des Falles Werner zu tragen. Selbst mit Südafrika haben wir Kontakt aufgenommen. Sein Fall wurde in einer Kapstädter Zeitung veröffentlicht. Die darin geäußerten Vermutungen, dass sich das angebliche Opfer in Südafrika aufhält, kommentierte die Kripo vor Ort insofern, dass da etwas Wahres dran sein könnte. Die Strafermittlungsbehörden vor Ort bestätigten, dass es über den Mann eine Ermittlungsakte gäbe. Alles gut und schön. Nur, das angebliche Opfer wird in Südafrika nicht gesucht. Für die südafrikanische Polizei existiert weder ein Opfer unter diesem Namen noch ein anderweitig Gesuchter. Außerdem, so ihre Erwiderungen, habe man vor Ort genug mit anderweitigen Straftaten zu tun.

So spielt sich das Ganze bereits über Jahre ab. Mit anderen Unterstützern haben wir nach einem Anwalt für ein Wiederaufnahmeverfahren gesucht. Eine Wiederaufnahme ist in Deutschland allerdings so gut wie unmöglich. Außerdem müssten wir alle unsere Häuser dafür verkaufen. Eine Wiederaufnahme scheitert oft schon an den fehlenden finanziellen Mitteln, die der Beklagte erst einmal privat aufbringen muss. Dennoch fanden wir einen Anwalt, einen richtig guten. Ein renommierter Professor für Wiederaufnahme aus Passau übernahm den Fall und präsentierte in akribischer Denkarbeit und Recherche sowie mit Unterstützung von zwei Gutachten drei neue Beweismittel, die ein Wiederaufnahmeverfahren gerechtfertigt hätten. Das vom Gericht konstruierte Tatmotiv konnte als falsch dargelegt und das angebliche Tatgeschehen als nicht möglich enttarnt werden. Doch der Staat schützt seine Urteile.

Und so sitzt Andreas Werner seit nunmehr 14 Jahren hinter Gittern und wird auch die kommenden Jahre bis zum Ablauf seiner Mindestverbüßungszeit absitzen müssen.

Seine Haft verlief bis dato völlig beanstandungsfrei, keine Meldungen, keine Disziplinarverstöße, keine Ausraster.

Er lebt hinter Gittern, wie er auch die Zeit seines freien Lebens draußen gelebt hat. Er erträgt dies mit einem stoischen Gleichmut und einer scheinbar äußeren Gelassenheit. Andreas Werner ist Buddhist geworden.

»Das sind alles nur buddhistische Übungen«, sagte er zu mir.

Er hat ein Buch geschrieben, das er momentan versucht verlegen zu lassen. Darin verliert er kein Wort über sein Schicksal. Es ist gedacht als Hilfe für Menschen in ähnlich verzweifelten Lebenssituationen.

Mittlerweile gewährt die Anstalt Herrn Werner Ausgänge zur Sicherung bestehender sozialer Kontakte. Zu seiner Familie, zu seinen Kindern.

Warum halte ich Andreas Werner für unschuldig? Die Frage ist einfach zu beantworten. Diese Gewissheit speist sich für mich aus dem Lesen der Akten und aus meiner Menschenkenntnis. Das zweite ist natürlich juristisch nicht zu halten.

Aber als langjährig mit Inhaftierten arbeitender Pfarrer gestatte ich mir, hier meine eigene Meinung zu dem Tatbestand zu äußern.

Seit einiger Zeit besucht Andreas Werner während seiner Ausgänge auch mich, seinen Pfarrer. Wir sitzen dann in meinem Garten. Ich spreche über Gott, und er spricht über den Buddhismus. Zwei innerlich freie Männer auf Augenhöhe. Abends kehrt er freiwillig und immer pünktlich in die Anstalt zurück.

Es fehlte nur eine halbe Stunde im Alibi.

Die hilflosen Helfer
Was uns nicht umhaut ...

Ein Müllmann, auch wenn er mit zunehmenden Berufs-jahren den Dreh raushat, wird sich bei seiner Arbeit dennoch immer wieder beschmutzen.

Ein Seelsorger, auch wenn er mit zunehmenden Berufs-jahren den Dreh raushat, wird sich beim Entsorgen des See-lenmülls seines Gegenübers zwangsläufig beschmutzen. Der Müllmann weiß, wohin mit seinem Müll. Und der Seelsorger? Er beschmutzt sich nicht nur, er lädt sich auch auf. Geschichte um Geschichte, Tragödie über Tragödie ... Die Frage dabei ist, ob er sich die Zeit nimmt, um all das fachgerecht zu entsor-gen. Gibt es da einen Königsweg?

Ich glaube, jeder hat da so seine Methode. Manche sind gut, andere sind überhaupt nicht geeignet. Eine ungeeignete Methode besteht darin, seelsorgerischen Dienst nach Vor-schrift zu machen. Also, nichts an sich heranlassen. Alles, was Arbeit macht, abwehren und innerhalb der Institution Knast kein Risiko eingehen.

Als ich den Teufel fragte, warum er denn seine Großmutter erschlug, antwortete dieser:

»Weil sie mich langweilte.« Auch nur eine Woche Dienst nach Vorschrift hätte mir das große Gähnen gebracht. Wenn es um Menschen geht, muss man sich einsetzen, muss man etwas wagen, auch wenn es einen die »Zulassung« kosten kann. Die meisten Propheten der Bibel wurden deswegen ir-gendwann erschlagen.

Doch wo lassen wir Seelsorger nun diese Last, die wir uns da aufbürden?

Schweigepflicht heißt erst einmal runterschlucken. Ich habe das, was mir anvertraut wurde, nicht anderweitig zu besprechen.

Weder in Supervisionen noch in kollegialer Beratung. Der Gefangene vertraut darauf.

Ich kaute auch meiner Frau nicht jeden Abend die Ohren ab. Das verdiente sie nicht. Auch sie bearbeitete wichtige Themen mit eigenen Problemen.

Runterschlucken heißt auch verdrängen. Jetzt höre ich schon, wie die Psychologen schreien: Nein, Runterschlucken und Verdrängen haben bei uns keine Konjunktur, graben Sie uns helfenden Berufsgruppen doch das Wasser ab.

Als gläubiger Christ und Pfarrer gehe ich Risiken ein. Es gibt keine Geschichte in der Bibel, wo Jesus hätte demokratisch abstimmen lassen noch wo beschrieben wird, dass er unter der Last der Geschichten zusammenbrach oder sich anderen anvertraute und beriet. Er war ja auch erst 32 oder 33 Jahre alt. Kann man sich Jesus mit einem Burn-out vorstellen? Ketzerisch ist es nicht, so zu fragen, denn wir wollen ja von unseren Glaubensvätern lernen. Da wäre zum Beispiel das viel beschriebene Rauslassen von Emotionen.

Erinnern Sie sich noch an meinen Gefangenen mit Sinti-Hintergrund?

»Pfarrer, nicht immer alles nur schlucken, sonst kriegst du Arschkrebs.«

Man kann eine Last ganz gut tragen, indem man sich positioniert und Erlebtes kommentiert, indem man sich einmischt und gegen den Strom schwimmt. Das gelingt einem nicht von heute auf morgen, dafür muss man sich konditionieren. Leider haben die Leisetreter, die Schattenlosen und Aalglatten, die druckreif Sprechenden auch bei uns in der Kirche Konjunktur. Oder ehrlicher gefragt: »Wo positionieren wir uns? Was wagen wir für unser Amt?«

Die Amtskirche muss auch Widerspruch ertragen können und mit den Propheten sein. Das ist unbequem und passt kaum jemandem. Aber wer, wenn nicht wir, besitzt diese grenzenlose Freiheit und Vollmacht, so zu handeln? Unsere deutsche Geschichte hat, bis auf sehr wenige Ausnahmen, meistens Pfarrer gesehen, die sich hinter irgendetwas versteckt haben. So konnten sie zwar zu allen Zeiten gut überleben, mussten aber anschließend seitenlange Schuldbekenntnisse formulieren, um überhaupt noch in den theologischen Spiegel schauen zu dürfen.

Eine Kirche, die versucht, es allen recht zu machen, verwässert ihre eigentliche Botschaft und ihre eigenen Gebote. Eine Kirche, die nichts wagt, wird irgendwann von den Hilfesuchenden auch nicht mehr angesprochen oder ernst genommen.

Nun zu der bereits angesprochenen Konditionierung. Wie werde ich der, der ich sein möchte? Sicherlich nicht durch Rhetoriklehrgänge oder einen guten Coach, auch wenn das hier und da ungemein helfen kann.

Anders ausgedrückt, wie werde ich zu einer weisen Persönlichkeit, also zu einem Menschen, der über so viel praktisches Lebenswissen verfügt, um anderen ein Ratgeber, auch in Glaubensdingen, zu sein?

Zum einen durch eine gewisse Reife und Erfahrung, die man fast automatisch mit steigenden Lebensjahren erlangt. Zum anderen dadurch, dass man sich dem Leben aussetzt, auf

Menschen zugeht, Kontakt sucht und sich den Unbilden des Lebens stellt.

Jesus ist auf die Menschen zugegangen. Weder hat er sich in irgendein Studierzimmer eingeschlossen noch wird in der Bibel berichtet, dass er sich für manche Probleme zu fein war. Theologie kann man akademisch studieren, muss sie aber später im täglichen Leben der Menschen verankern.

Kollegen sagten mir, ein Pfarrer ist immer im Dienst. Das hörte sich so gut an, wie es falsch ist. Denn selbst der liebe Gott ruhte am siebten Tage.

Ich spreche immer gerne davon, dass der kreative Mensch in seinem Leben sogenannte Parallelziele entwickeln sollte.

Einfach ausgedrückt, was gibt es in meinem Leben noch, außer der Kirche?

Ich bin gelaufen. Halbmarathon und Marathon, beides zusammen mindestens 20 Mal. Und ich tue es noch immer mit Leidenschaft. Dabei kamen mir immer die besten Gedanken. Alle meine Predigten oder Vorträge entstanden, nach einiger Vorarbeit, so.

Andere mögen das Tanzen oder Kaninchenzüchten. Die Hauptsache ist nur, sie tun etwas völlig anderes »nach der Arbeit«, während der Zeit, in der wir ruhen sollen. Zur Erbauung, zum Kräftesammeln und zum Entspannen.

Wir müssen uns trotzdem vor Augen führen, dass letztendlich auch das nichts nutzen wird. Wer über viele Jahre einseitig beansprucht, ausgelaugt, ausgenutzt und mit »Seelenmüll« beworfen wird, muss für sich selber irgendwann den Schlussstrich ziehen und einsehen, dass nun eine andere Tätigkeit im Reiche Gottes angesagt ist.

Ich habe den richtigen Zeitpunkt, den Kairos, wie es im Griechischen so schön heißt, beinahe verpasst. Andere mögen für noch mehr Jahre die Kraft für solch einen Intensivseelsorgeberuf besitzen. Leider merken wir selber es kaum, wann der richtige Zeitpunkt gekommen ist.

Seelsorger allerdings, wie es in unserer Landeskirche üblich ist, bereits nach 10 Jahren aus diesem Dienst zu nehmen und sie in einen anderen Bereich zu schicken, halte ich für ausgesprochen dumm.
Denn den Gefangenen ergeht es an dieser Stelle wie sonst in ihrem Leben auch. Deshalb schreien sie, dass ihnen nicht nach der Hälfte ihrer Haftzeit der einzige Ansprechpartner weggenommen wird.

Ich selber schätze ein, dass ein Gefängnispfarrer ungefähr nach zehn Dienstjahren die nötige Erfahrung und Reife besitzt, um auch anderen ein Lehrer zu sein. Ja, wir sollen Lehrer und Vorbild sein.

Ich habe vor einiger Zeit in einer kirchlichen Zeitung darüber gelesen, dass heutzutage nicht immer die mit dem besten Abitur sich entschließen, Theologie zu studieren.
Was wirbt für diesen wunderbaren Beruf aber mehr als das vorhandene Bodenpersonal?
Wenn ich uns selbstkritisch anschaue, ich nehme mich da gar nicht aus, sind wir partiell jedoch ein Haufen Menschlein mit herzlich wenig Ausstrahlung. Ein blutleerer Verband sich sehr wichtig nehmender Zeitgenossen, teilweise verhaftet in typisch protestantischer Jammrigkeit.
Viele von uns sind alles andere als feurige Glaubenszeugen geworden. Wir giften uns untereinander eher an, als dass

wir miteinander lachen, und nennen uns dabei auch noch Schwestern und Brüder.

Wir besitzen eine etwas abgegessene und überarbeitete Ausstrahlung und sollten doch eher erlöster wirken. Unser persönliches Leben ist in seiner Außenwirkung kein Vorgeschmack auf Gottes Himmelreich.

Uns haften oft mehr Eheprobleme an als den uns anvertrauten Sündern. Ich dulde nicht, den Lapsus zu formulieren: »Na, in der Kirche wird eben auch nur mit Wasser gekocht ...« Ist ein derartiger Spruch etwa einladend? Ist er attraktiv? Uns vor Augen steht immer nur die Statistik der Gottesdienstbesucher, ohne darauf zu achten, was Kirche für andere wirklich interessant machen könnte:

Es gibt dort einen Ort, wo ein weiser inspirierter Mensch sitzt, der mir etwas zu sagen hat, dem ich mich anvertrauen kann, der mir eine Alternative zu dem Leben bietet, welches ich in dieser Welt zu Genüge erlebe. Ein Mensch, der mit mir weint, der mit mir lacht, auf den ich einfach neugierig bin ...

Ausstrahlung lässt sich nicht aufoktroyieren, sie muss von innen her wachsen. Aber alles, was von innen kommt, muss erst einmal in uns gesät worden sein. Für diese Saat und deren Pflege sind wir selbst verantwortlich. In meinem Leben habe ich erfahren dürfen, dass all diejenigen eine Ausstrahlung besitzen, die von »Etwas« völlig eingenommen, ja begeistert sind. Seelsorge braucht Begeisterte! Menschen, in denen sich gesunde Dickfälligkeit mit einer nie versiegenden Empathie die Waage halten. Menschen eben mit einem so weiten Herzen, dass kein Elektrokardiogramm es jemals erfassen könnte.

Als ich den Teufel fragte, warum er seine Großmutter erschlagen hatte, antwortete er mir natürlich:»Weil sie keine Ausrede mehr fand.«

Haben wir also auch keine Ausrede mehr, wenn wir gefragt werden, warum wir uns noch immer nicht verändert haben.

»Kommt alle her zu mir, die ihr mühselig und beladen seid ...«
Ein kleiner Leitfaden für angehende Inhaftierte

Endlich mal etwas Praktisches, werden Sie jetzt denken, wenn auch mit unverkennbar ironischem Unterton. Natürlich soll sich diese Jacke niemand anziehen, dem sie nicht passt! Wer rechnet schon damit, jemals inhaftiert zu werden? Sollen Sie auch gar nicht.

Ich habe dieses Thema in meiner Bibelgruppe in den letzten 10 Jahren mindestens einmal jährlich angesprochen. Damals wusste ich noch nicht, dass es jemals in ein Buch einfließen sollte. Dennoch hat mich das Thema immer wieder fasziniert.

Was soll das also, ein Leitfaden? Nun, so verkehrt ist dieser Gedankengang gar nicht. Vor Gericht schlägt man dem Untersuchungsgefangenen das Gesetzbuch um die Ohren. Später verurteilt und in der Strafhaft angekommen, erwarten ihn die verschiedensten Hausordnungen, die das Leben in der Anstalt regeln.

Man müsste allerdings zwischen Wiederholungstäter und Erstverbüßer unterscheiden. Dem Wiederholungstäter würde ich nur an die Hand geben: »Lieber Freund, beschwer dich nicht. Du hast doch gewusst, was dich wieder erwartet. Keiner hier freut sich über dich oder hat auf dich gewartet.«

Bei Erstverbüßern müsste man differenzierter vorgehen. Jeder am Vollzug beteiligte Mitarbeiter sieht gerne Erfolge. Die Mitarbeiter produzieren nichts und stellen auch nichts her. Das Einzige, was sie realisieren, ist Resozialisierung, ob sie nun Sozialarbeiter, Psychologe, Lehrer oder Pfarrer heißen.

Was können sie aber nun in dieser Beziehung beim Menschen abrechnen? Eitel sind wir alle genug, um nicht auf diese vermeintlichen »Erfolge« zu blicken. Was heißt das? Wir gehen fast immer davon aus, dass der uns zugeführte Delinquent stark resozialisierungsbedürftig ist. Warum eigentlich? Sicher, da steht ein Mensch, der straffällig geworden ist. Aber ist er deswegen gleich asozial oder gemeingefährlich? Gibt es nicht auch Lebenssituationen, in denen uns die beste Sozialisation nicht unbedingt vor unüberlegten Handlungen schützt? Wer von uns möge jetzt den ersten Stein werfen? Jedenfalls sind Knastmitarbeiter stets hocherfreut, eine Entwicklung bei ihren Klienten entdecken zu können.

Was aber, wenn der Inhaftierte gar nicht mehr entwicklungsfähig ist, weil er bereits auf einer ziemlich hohen Sozialisationsstufe steht? Jener wird die nachfolgenden Zeilen mit Interesse lesen.

Verweigern Sie bei Haftantritt einfach für zwei Stunden die Nahrung, kündigen Sie dies auch an. Es gibt sofort eine Meldung, die in Ihre Akten geht.
Verweigern Sie das Gespräch mit jedem JVA-Mitarbeiter.
Kippen Sie auf Ihre Marmelade einen Zahnputzbecher voll Wasser und verschließen Sie das Ganze fest. Bei der nächsten Zellenkontrolle wird man Ihnen die Herstellung von Alkohol (Angesetzter) unterstellen usw.

Ihre Akte muss voller Meldungen über Disziplinarverstöße sein. Nach ein paar Wochen suchen Sie sich einen Gesprächspartner und fahren Ihre grenzwertigen Aktivitäten auf »null«.

Schon wird Ihnen eine positive Entwicklung attestiert werden, ausgelöst durch Sozialarbeiter X oder Y.

Ganz im Ernst: Von den durch mich begleiteten Gefangenen hatten es immer jene am schwersten, die über Jahre keine Veränderung in ihrer Persönlichkeitsstruktur erkennen ließen. Einfach deshalb, weil sie schon immer ein ausgeglichenes und nicht aggressives Leben führten. Sie waren glücklich verheiratet, hatten Kinder und besaßen ein positives soziales Umfeld. Die auf den Vollzugsplankonferenzen vorgestellten Gutachten sahen oft vernichtend aus.

»Der Inhaftierte spielt uns etwas vor, er verstellt sich. Er blockiert seine Gefühle und zeigt nicht sein wahres Ich.«

Solch eine Einschätzung ändert sich unter Umständen über die nächsten 10 Jahre nicht mehr. Der Inhaftierte bewegt sich immer noch so unauffällig wie vor seiner Inhaftierung, bis dies irgendeinem Gutachter schließlich doch auffällt.

»Vielleicht ist der ja wirklich so ...« Also Entwicklung.

Kämpfen Sie bei Ihrer Inhaftierung und Verurteilung nicht an verschiedenen Fronten.

Fühlen Sie sich wirklich schuldig, hören Sie nicht auf Ihren Anwalt, der viel Geld mit unsinnigen Revisionen verdienen möchte.

Kämpfen Sie nicht um Ihren Fernseher, der noch in der Untersuchungshaft schmort und Ihnen seit Wochen nicht ausgehändigt werden kann.

Konzentrieren Sie sich auf die noch bestehenden sozialen Bindungen, denn nur diese sind lebenswichtig.

Nerven Sie Ihre Partnerin nicht mit überzogenen materiellen Wünschen. Sie hat oft selber nicht genug Geld, um Ihnen auch noch ein Mega-Weihnachtspaket zu schicken.

Schimpfen Sie nicht über das Essen, sondern lernen Sie kochen.

Kaufen Sie sich über den in der Anstalt üblichen »Gefangenen-Einkauf«, der sich aus dem Arbeitslohn, erworben in anstaltseigenen Betrieben, speist, so viel »frische« Lebensmittel, wie Sie bekommen können. Bereiten Sie sich gesunde Mahlzeiten zu, Ihr Körper wird es Ihnen danken.

Nehmen Sie keine Drogen, rauchen Sie auch keine Zigaretten. Ab jetzt können Sie sich so etwas wirklich nicht mehr leisten.

Schicken Sie Ihren Partnerinnen so viel Geld, wie Sie können, denn sie muss ihre Rechnungen in der Regel bezahlen. Ihnen dagegen bringt man das Essen bis vor die Zelle. Tag für Tag. Weihnachten gibt es sogar einen »Gummiadler«.

Strukturieren Sie Ihren Tag. Immer nur fernzusehen, halte ich, wie bereits erwähnt, bei diesen Vormittagsprogrammangeboten für eine doppelte Bestrafung.

Reicht die Zeit, Sie haben also mehr als drei Jahre bekommen, machen Sie eine Ausbildung. Bequemer bekommen Sie es nie wieder.

Nutzen Sie alle sich Ihnen bietenden Angebote. Bastelgruppe, Literaturgruppe, Bibelgruppe usw. Ihr Geist wird es

Ihnen danken. Sie werden schnell merken, warum ich dies sage.

Jammern Sie nicht, das hört keiner. Drohen Sie nicht mit Suizid, dann kommen Sie nämlich innerhalb weniger Minuten in den »Bunker« (besonders gesicherter Haftraum im Keller).

Suchen Sie sich stattdessen kompetente Gesprächspartner, sowohl unter den Mitinhaftierten als auch unter den Mitarbeitern. Sie brauchen unbedingt jemanden, dem Sie sich anvertrauen können.

Verwenden Sie jeden Euro, den Sie erübrigen können, für die Aufrechterhaltung sozialer Kontakte. Dazu müssen Sie arbeiten gehen. Wer nicht arbeitet, kann auch nicht telefonieren.

Erlernen Sie wieder die Kunst, per Hand Briefe zu schreiben. Ein PC wird Ihnen dafür nicht zur Verfügung stehen.

Verwahren Sie keine verbotenen Gegenstände auf Ihrer Zelle, und das auch deswegen nicht, weil die ständige Angst vor Entdeckung Ihren Charakter und Ihr Seelenkostüm perforieren könnte.

Entdecken Sie neue Gaben an sich. Vielleicht können Sie ja schreiben, malen oder singen. Dinge, von denen Sie früher nie etwas geahnt hätten.

Behalten Sie Ihren Stolz und Ihre Würde da, wo es angebracht ist. Haben Sie Opfer hinterlassen, versuchen Sie, Ihre Tat irgendwie wiedergutzumachen. Auch das hat etwas mit

Stolz und Würde zu tun. Sorgen Sie dafür, dass man Ihnen verzeiht, denn unbezahlte Rechnungen schleppen Sie ein Leben lang mit sich herum, auch nach der Inhaftierung.

Bemerken Sie (Sie!!!) an sich Defizite, arbeiten Sie daran.

Der Knast verändert Menschen, aber nur Sie können entscheiden, in welche Richtung.

Werden Sie nicht allzu verbittert und versuchen Sie nicht, Ihre nächsten Bezugspartner für Ihre Misere verantwortlich zu machen. Denn zu einem sehr hohen Prozentsatz bestimmen Sie die Richtung Ihres zukünftigen Lebens.

Tun Sie nichts, was anderen Häftlingen schadet, nur um eines persönlichen Vorteils willen. Man liebt immer den Verrat, aber niemals den Verräter! Ausgenommen hiervon sind natürlich angekündigte Gewalttaten, von denen Sie Kenntnis erlangen. Um einen Menschen zu retten und vor großem Schaden zu bewahren, ist fast alles erlaubt.

Bleiben Sie mutig, niemand kann Sie zwingen, sich allem bedingungslos unterzuordnen. Auch Gefangene haben Rechte.

Über allem steht aber: Werden Sie nie (wieder) kriminell, dann können Sie nämlich das ganze Kapitel getrost vergessen!

Epilog

Was nützt das alles oder: Vom Sinn und Unsinn des Wegsperrens

Liebe Leser, bitte schauen Sie die Kapitelüberschrift genau an. Da steht nicht etwa: »Vom Sinn und Unsinn des Strafens«, sondern es geht um das unreflektierte Wegsperren von Menschen.

Strafe muss sein, heißt es. Fragt man aber nach dem Warum, fallen die Antworten schon spärlicher aus. Abschreckung, Rache und Vergeltung sind die Stichworte. Resozialisierung fällt in diesem Zusammenhang den wenigsten ein. Gefängnisse gab es schon immer, sie haben sich bewährt, so die gängige Meinung. Warum sollte man dieses System infrage stellen?

Auch ich stimme mit ein: Strafe muss sein. Aber beim Wie liegen zwischen mir und den meisten Menschen, die man hierzu befragt, Welten.

Richtig daran ist, dass es in unserem Kulturkreis in den letzten 1.000 Jahren schon immer Gefängnisse oder Kerker gab. Diese waren Orte, in denen der Delinquent auf seine Strafe warten musste. Später wurde er aufs Rad geflochten, gefoltert und verbrannt oder gleich geköpft. Wer mehr Glück besaß, verlor seine rechte Hand oder wurde in einem sogenannten Gottesurteil der himmlischen Prüfung unterzogen, ohne dass der liebe Gott jemals wirklich dazu befragt werden konnte.

Vollzog man die Strafe in früheren Zeiten im Namen Gottes oder des Königs, so heißt es heute schlicht und ergreifend: »Im Namen des Volkes ergeht folgendes Urteil ...«

Das Volk indes interessiert sich heute nur dafür, ob auch wirklich hart genug bestraft wird. Richter gelten gemeinhin als Flaschen, die unter dem Druck der Gefangenen oft zerbrechen und unverständlich milde Urteile fällen. Was anschließend mit den Verurteilten passiert, interessiert die wenigsten von uns. Dies nennt man dann institutionalisierte Gesellschaftsabläufe. Für jedes Ding ist irgendein Amt oder ein Ministerium zuständig. Die werden es schon machen ...

Machen sie dann auch, doch mit welchem Erfolg? Oder besser gesagt mit welchem Nutzen? Einer meiner geschätzten katholischen Kollegen sagte einmal:

»Erfolg (im Strafvollzug) ist keine Vokabel Gottes.«

Wie recht er hatte. Heute stelle ich vieles von dem infrage, welches ich in meinen Dienstjahren oft völlig unreflektiert mittrug. Ehrlicherweise, so muss ich betonen, kamen auch viele meiner Kollegen mit ähnlicher Hafterfahrung am Ende ihrer Dienstjahre zu dem Schluss, dass auch die Gefängnisseelsorge ein völlig überflüssiges Werk unserer Kirche sei, soweit wir nur als geistliche »Weihnachtsmänner«, also als Fachdienste, die immer etwas zu verschenken hatten, in Anspruch genommen wurden.

Denn unter dem Strich gesehen kann das kirchliche Handeln nicht als missionarisch effektiv angesehen werden, soweit kaum ein Gefangener nach seiner Entlassung jemals wieder in einer Kirche gesehen wird.

Aber sollte es uns nur darum gehen? Dürfte die Arbeit am Menschen ähnlich abrechenbar sein wie das Zählen von Pfandflaschen? Ich glaube nicht. Die Formung eines Menschen ist ein lebenslanger Prozess, der sich aus vielen kleinen Mosaiksteinchen zusammensetzt, bis irgendwann ein fertiges Menschenbild entsteht.

An diesem Bild arbeiten wir wahrscheinlich bis an unser Lebensende. Und genauso arbeiten viele Bezugspersonen an unserem »Bild«. Dazu gehören Eltern, Geschwister und Lehrer.

Im Vollzug handelt es sich meist um Ersatzpartner, wie Theologen und Psychologen oder einfache Beamte des Vollzugsdienstes. Diese sind niemals so wirkkräftig wie die Originale. Aber da die fehlenden Originale bei den Gefangenen oft Defizite bewirken, sind Ersatzpartner besser als nichts.

Gefangene, die nach ihrem Urteilsspruch aus der Untersuchungshaft kommend in den geschlossenen Vollzug verlegt wurden, erzählten mir beiläufig, wie sie ihren Tag in der Untersuchungshaft bei jeweils 23 Stunden Einschluss pro Tag strukturierten.

Nach dem Mittagessen gingen sie auf die sogenannte »Fahne«, ein optisches Signal, das den Beamten signalisierte, hier möchte ein Gefangener etwas. Nach dem Öffnen der Zellentür äußerten sie den dringenden Wunsch, zum Pfarrer zu gehen.

Der Beamte, dem es in der Regel egal war, was dringend hieß, rief einfach im Pfarramt an und brachte den Gefangenen kurzerhand in das Büro eines Geistlichen. Mit den Ärzten und den Psychologen betrieben alle das gleiche Spiel. So verging die Zeit, die die Gefangenen im Überfluss besaßen.

Na und, dachte ich später, schon der große russische Dichter Dostojewski bemerkte, dass es sich stets für einen Menschen lohne, mit einem klugen Kopf zu reden.

Ich habe mich zu Beginn meines Dienstes vehement gegen solche defätistischen Meinungen meiner Kollegen gewehrt. Spürte ich doch, wie willkommen ich überall war und wie freundlich ich angenommen wurde. Heute schlägt das Pendel bei mir leicht, aber deutlich in die andere Richtung.

Gefangene, die noch die alten Ostknäste und deren rigoroseren Strafvollzug erlebt hatten, meinten auch, dass Sozialarbeiter (»... und der ganze Quatsch ...«) völlig überflüssig seien. »Am besten, man erfährt vom Gericht das Datum seiner Entlassung, ansonsten aber hat einem niemand ‚auf den Sack‘ zu gehen ...«

Natürlich entspricht solch eine Denke nicht unserem aufgeklärten Menschenbild. Gibt es aber eine soziale Marktwirtschaft als Fundament unserer Gesellschaft, so muss es auch einen sozialen, also humanen Strafvollzug geben.

In Ländern, in denen die Todesstrafe noch gegenwärtig ist und die sich selbst als christliche Nationen bezeichnen (welcher Euphemismus!), wie etwa die USA, denkt man anders darüber.

Dort existiert noch das antike Vergeltungsstrafrecht, welches abschreckende Wirkung haben soll. Hat es aber nicht. Je empfindlicher, härter und rigoroser eine Justiz bestraft, desto höher ist die Verbrechensrate. In den Bundesstaaten der Vereinigten Staaten, in denen noch die Todesstrafe angewandt wird, liegen die Mordraten eindeutig höher als in denen ohne Todesstrafe. Das ist in etwa mit unserer altdeutschen Erziehung vergleichbar. Je intensiver ich meine Kinder schlage und ihnen Verletzungen beibringe, desto mehr entgleiten sie meinen Händen. Viele von uns denken aber leider noch immer, dass das Umgekehrte wahr ist.

Zurück zum Knast, zum geschlossenen Strafvollzug.

Würden Sie einen großen Schäferhund eine Woche lang in seine Hütte einsperren und ihn danach ohne Vorbehalte wieder rauslassen? Einfach so? Hundebesitzer mögen mir verzeihen, aber was dabei herauskommen würde, bliebe wahrscheinlich lieber für immer weggesperrt.

Genauso verhält es sich mit den Menschen. Sie werden eingesperrt und verändern sich. Entlassen werden alle irgendwann einmal. Doch was passiert in der Zwischenzeit mit ihnen?

Vom Grundsatz her sollen sie resozialisiert werden, also befähigt werden, zukünftig ein straffreies Leben zu führen.

Meiner Einschätzung nach ist der Strafvollzug in einem manifesten Gefängnis, also in einer geschlossenen Anstalt mit vielen kleinen Zellen, dazu nicht mehr in der Lage. Wir mögen noch so moderne Anstalten bauen, meistens befinden sich diese auch noch weit entfernt von jeglicher Urbanität, vor den Toren unserer Städte, am Grundprinzip des Wegsperrens ändert dieses »Moderne« nichts.

Kein Involvierter wird bestreiten, dass nur ein geringer Teil der im geschlossenen Vollzug Verwahrten wirklich eine Gefahr für seine Umwelt darstellt, im Sinne von Gefahr für Leib und Leben.

Was haben diese Inhaftierten im geschlossenen Vollzug zu suchen? Buße. Vielleicht. Aber wie soll das vonstattengehen, unter diesen Bedingungen? Führen wir uns doch einmal vor Augen: Der Gefangene ist schuldig geworden, ohne Frage. Er wurde aus seiner vertrauten Umgebung herausgerissen, inhaftiert, in die Untersuchungshaft gesteckt und Monate später verurteilt. Unter Umständen wird er sofort entlassen, bekommt vielleicht eine Geldstrafe aufgebrummt oder landet im geschlossenen Vollzug.

In den Monaten der Untersuchungshaft gilt noch die Unschuldsvermutung, aber bereits dort hat er alles verloren, was sein Leben lebenswert macht. Der Vermieter hat seine Wohnung längst gekündigt und sein Hab und Gut im Sperrmüll verschwinden lassen. Die vielen Fische sind im Aquarium gestorben und stinken seit Wochen. Der Hund ist längst im Tierheim gelandet. Im gleichen Zeitraum kündigt oft auch der Arbeitgeber. Was soll dieser sonst auch tun? Der Beschuldigte kommt ja nicht mehr zur Arbeit. Aber bis zu diesem Zeitpunkt erging noch immer kein Urteil.

Über 23 Stunden ist der Beschuldigte in seiner Zelle eingeschlossen. Die Gespräche mit einem Anwalt dauern oft ebenso lange wie eine Fahrscheinkontrolle. Besucher dürfen, zumeist wegen möglicher Verdunklungsgefahren, nicht kommen oder werden streng überwacht. Telefonieren geht nur mit richterlicher Erlaubnis. So zerrinnt das bisher aufgebaute Leben zwischen den Mauern der Justiz.

Nach den Monaten in der Untersuchungshaft ist der Mensch im wahrsten Sinne des Wortes völlig entwurzelt, gänzlich vergessen und allein. Er besitzt nichts mehr und verfügt über keine sozialen Kontakte. Stirbt er in dieser Zeit, so weilt oft nur der Pfarrer an seinem Sarg.

Plötzlich, oftmals nach vielen Monaten, bekommt der Beschuldigte sein Urteil übereignet und muss vielleicht für etliche Jahre in den geschlossenen Vollzug. Nicht allen, aber immerhin den meisten gelingt es wieder, mit professioneller Hilfe oder durch wenige tragfähige Kontakte zu Mithäftlingen lebenswichtige Wurzeln zu schlagen. Die Häftlinge bekommen eine Arbeit in der Anstalt, können sich weiterbilden oder sogar einen Beruf erlernen. Sie besitzen plötzlich wieder Kollegen und manchmal sogar Freunde. Sie strukturieren ihre Freizeit, gehen in den Gottesdienst oder in eine der zahlreichen Kreativgruppen. Manch einer erlebt sich sogar, unter fachkundiger Anleitung einer Gruppentrainerin, als hoffnungsvoller Jungschriftsteller und kann am Ingeborg-Bach-mann-Literaturpreis für Gefangene teilnehmen.

Andere kümmern sich mehr um ihr Äußeres, bauen in den Fitnessräumen der Teilanstalten ihren Körper um und spielen lieber den »Schwarzenecker«.

Kurz, der Mensch ist so geschaffen, dass er sich an ziemlich alles gewöhnt und dem es auch unter widrigsten Bedingungen gelingen kann, wieder Wurzeln zu schlagen.

Irgendwann einmal, oft nach vielen, vielen Jahren, naht plötzlich der Tag der Entlassung. Nicht wenige haben versucht, diesen Tag zu verdrängen. Bei vielen ist schiere Panik angesagt. Denn was passiert nun wieder? Der Inhaftierte wird wiederum vollständig aus seinem, nun wiederum vertrauten, Umfeld herausgerissen und zum wiederholten Male entwurzelt.

Ich habe viel Energie darauf verwenden müssen, sogenannte »Langstrafer« zu motivieren, also Inhaftierte mit einer etwa 10-jährigen Freiheitstrafe dazu zu bringen, Vollzugslockerungen als entlassungsvorbereitende Maßnahmen zu akzeptieren. Sie wollten einfach nicht mehr raus aus ihrem geschützten Biotop, denn eines weiß jeder Bürger dieses Landes: Als Behinderter, Ausländer oder Inhaftierter nimmt dich niemand mehr mit offenen Armen in unsere Gesellschaft auf.

Soziologen betonen deshalb immer wieder, dass die Furcht vor den anderen Menschen, den Fremden, also auch die Furcht vor Kriminellen, beim Menschen genetisch prädisponiert ist.

Was früher unserem Schutz oder unserem Überleben dienlich war, erweist sich heute als kontraproduktives Element für eine gelungene Resozialisierung.

Denn eines wissen die Gefangenen von den Entlassenen genau: Bist du erst mal wieder draußen, bekommst du keine Wohnung, keine Frau, geschweige denn Freunde. Bleibe also lieber gleich drinnen. Nicht sehr viele, aber dennoch etliche versuchten nach ihrer Entlassung, durch Bagatelldelikte wieder inhaftiert zu werden, um in das geschützte Iglo des Hospitalismus zurückkehren zu können. Soziale Kontakte und eine relative Verwurzelung, selbst im Knastmilieu, siegen über eine sogenannte abschreckende Wirkung des Strafvollzugs.

Heißt das aber nun, wir sollten überhaupt keine Urteile mehr aussprechen? Niemanden mehr in den Strafvollzug stecken, aus der Angst heraus, dass er nach seiner Entlassung den Anschluss an die bürgerliche Gesellschaft verlieren könnte? Natürlich nicht. Wir sollten es nur intelligenter tun, nicht nur, um effektiver zu sein. »Erfolg (im Strafvollzug) ist keine Vokabel Gottes.«

Wir müssen beharrlich nach Wegen der Verhältnismäßigkeit suchen. Selbstverständlich muss die Gesellschaft vor gefährlichen Menschen geschützt werden. Täter und Opfer, soweit es überhaupt ein überlebendes Opfer gibt, dürfen sich nicht nach wenigen Monaten wieder auf der Straße begegnen. Nie darf eine Mutter, die noch den Tod ihrer Tochter beweint, erfahren, dass der Täter bereits entlassen wurde.

Doch wie viele Beispiele gibt es dafür? Und wie lange muss ein Mensch büßen, damit wir ihm verzeihen und er zurückkehren darf? Strafe muss auch immer ein Tor zur Versöhnung sein, wie es in einer kirchlichen Denkschrift heißt. Zu Recht haben wir die Todesstrafe in diesem Land abgeschafft. Wir, als Deutsche, bekamen in diesem Sinne sowieso eine schlechte Tradition vorgelebt. Nicht etwa, weil man in der Vergangenheit nur die Mörder hingerichtet hat, was noch einen zynischen Sinn ergeben würde: Rückfallgefahr ausgeschlossen!

Nein, wir haben in der Geschichte dieses Landes oftmals auch die Andersdenkenden hingerichtet. Jene, die einen anderen Glauben oder eine andere politische Überzeugung besaßen, oder jene, die einfach in ihrem biologischen Verhalten anders gepolt waren.

Die Einführung der Todesstrafe würde genau wieder bei dieser Frage beginnen: Wen wollen wir loswerden? Im Moment, Gott sei es gedankt, besteht hierfür kein Anlass zu Befürchtungen.

Würde ich noch einmal im Knast herumfragen (nicht am Stammtisch), so wären nicht wenige Gefangene für die Wiedereinführung der Todesstrafe. Nur, wen soll sie treffen? Die Mörder würden sagen: die Junkies. Die Junkies würden sagen: die »Kinderficker«. Und die Mitarbeiter würden sagen: die Betrüger.

Wir Menschen werden es – bei allem Fortschritt – nicht hinbekommen zu entscheiden, wer es wert ist zu leben und wer nicht. Ethik funktioniert immer auch ein wenig situationsbedingt. Was heute als ein ethisches Axiom gilt, kann in Hungerszeiten schnell kippen. Unser Grundgesetz stellt eine vernünftige Basis all dieser Überlegungen dar.

Gebe es Gott, dass zukünftige Generationen nie mehr daran zu rütteln wagen.

Wie aber ist nun zu strafen? Ich sage es so leichthin: intelligenter. Leicht gesagt, schwer getan.

Der britische Schriftsteller Philip Kerr lässt in seinem futuristischen Roman »Das Wittgensteinprogramm« die Verurteilten einfach ins sogenannte »Strafkoma« fallen. Sie werden in eine Röhre geschoben, dort tiefgekühlt oder einem ähnlichen Verfahren unterzogen. Ihre Strafzeit wird mit einem Kurzzeitwecker (günstigstenfalls), ansonsten mit einer langlebigen Präzisionsuhr eingestellt, um am Tag der Beendigung der Strafe wohlbehalten zu erwachen.

Das meine ich natürlich nicht mit intelligenter Bestrafung. Doch gemäß der sich nach Jahrhunderten kaum verändernden Kerkerarchitektur, bei fast gleichem Inhaltsprogramm, wäre es durchaus an der Zeit, sich nach etwas Neuem umzuschauen.

Wohlgemerkt, das Gefängnis an sich stellt schon etwas Modernes dar. Unsere germanischen Vorväter haben ihre Delinquenten noch im Moor versenkt. Keine Rückschritte, bitte!

Das Beispiel der elektronischen Fußfessel zeigt bereits, in welche Richtung man denken könnte. Der Verurteilte wird mit einem an einer Fußfessel befestigten Peilsender ausgestattet. Er besitzt einen beschränkten Aufenthaltsradius, behält aber seine Wohnung, seine Arbeitsstelle sowie sein soziales Umfeld. Niemand würde es wagen, sich diese Art der Bestrafung zu verspielen und im Handumdrehen im geschlossenen Vollzug zu landen.

Selbst der sogenannte »offene Vollzug« wäre ohne größeren Aufwand erweiterbar. Die Gefangenen könnten wieder arbeiten gehen und ihre Familien unterstützen. Nur nachts müssten sie sich in der »offenen Anstalt« einfinden.

Das Beispiel Norwegens zeigt uns, wohin der Weg führen könnte, wo es ganze selbstverwaltete Gefängnisdörfer gibt, ohne dass es zu nennenswerten Rückfallzahlen oder Missbräuchen kommt.

Innerhalb des deutschen Strafvollzugs sollte die Zahl der gesprächsbereiten Therapeuten unbedingt erhöht und die Zahl der hoffentlich ebenso gesprächsbereiten Seelsorger darf nicht weiter gekürzt werden.

Der moderne Strafvollzug muss auch in der Zukunft behandlungsorientiert erfolgen. Die Behandlung besteht darin, dass die Fachdienste, wie Psychologen, Lehrer und Ärzte, das Gespräch mit den Gefangenen suchen. Jeder Mitarbeiter, der aus finanziellen Gründen künftig eingespart wird, ist ein potenzieller Gesprächspartner weniger.

In diesem Zusammenhang darf auch grundsätzlich nicht vergessen werden, alle Kontaktmöglichkeiten nach draußen zu verbessern.

Die Justizverwaltungen und die Anstaltsleiter sind grundsätzlich bereit, ein derartiges Maßnahmenbündel umzusetzen. Zu Recht verweisen sie jedoch auf die Volksvertreter und Parlamente, die den Geldhahn hierfür öffnen oder schließen können ...

Der humane Umgang mit Bedürftigen, sei es mit oder ohne eigene Schuld, kostet den Steuerzahler sehr viel Geld.

Jedoch wenn es um den Menschen geht, sollten wir niemals sparen oder an dieser Stelle eben zuletzt sparen.

Menschen sind das beste Kapital, über das eine Gesellschaft verfügt. Auch »Gefallene« gehören dazu.

Auf der anderen Seite sei gesagt, dass Prävention, also das frühzeitige Erkennen und Korrigieren krimineller Tendenzen im jungen Menschen, die effektivste Methode ist, Straftaten zu verhindern.

Wir alle haben es in der Hand, ob gefangene Menschen für immer geächtet sind oder ob auch ihnen irgendwann Hilfe und Barmherzigkeit zuteilwerden.

Ich habe 23 Jahre Tag für Tag für viele Inhaftierte die Welt »retten« wollen. Wie viele oder wie wenige es tatsächlich waren, weiß nur der liebe Gott allein und ist auch von mir nicht zu hinterfragen. Unsere jüdischen Geschwister sagen:

»Wer ein Menschenleben rettet, rettet die ganze Welt.«

Nun sind andere dran. Mögen meine Erfahrungen beiden Seiten helfen.

Die Ärztin betrat mit meinem Befund in der rechten Hand die Notaufnahme.

»23 Jahre haben Sie im Gefängnis gearbeitet? Da hätten Sie eigentlich so stabil wie eine Eiche sein müssen. Da hat wohl jemand versucht, einen Ast abzusägen ...«

Ich danke meiner Frau Tina, die das verhindert hat!

Literaturempfehlungen

Joe Bausch
Knast
Ullsteinverlag, Berlin 2012

Jerry E. Bishop/ Michael Waldholz
Landkarte der Gene – Das Genom Projekt
Droemer Knaur, München 1991

F.M. Dostojewski
Aufzeichnungen aus einem Totenhaus
R. Piper Verlag, München 1992

Philip Kerr
Das Wittgensteinprogramm
Rowohlt Verlag, Reinbek bei Hamburg 1996

Susanne Preusker
Sieben Stunden im April - Meine Geschichten vom Überleben
Patmos Verlag, Ostfildern 2011

Gerhard Roth/ Nicole Strüber
Wie das Gehirn die Seele macht
Klett-Cotta Verlag, Stuttgart 2014

Roland Schiffter
Carus – Darwin – Nietzsche
Mittler zwischen Romantik und Moderne.
Ihre Leben, ihre Leiden. Und auch: Über die Krise der Religiosität
Verlag Königshausen und Neumann, Würzburg 2013

Rainer Dabrowski bei seiner Einführung zum Landespfarrer
am 23. September 2007 in Berlin Tegel.
© privat

Bibliografische Information der Deutschen Nationalbibliothek

Die Deutsche Nationalbibliothek verzeichnet diese Publikation
in der Deutschen Nationalbibliografie; detaillierte bibliografische
Daten sind im Internet über https://portal.dnb.de abrufbar.

Verlagsgruppe Random House FSC® N001967.
Das für dieses Buch verwendete FSC®-zertifizierte Papier
Munken Premium Cream liefert Arctic Paper Munkedals AB, Schweden.

1. Auflage
Copyright © 2015 by Gütersloher Verlagshaus, Gütersloh,
in der Verlagsgruppe Random House GmbH, München

Coverfoto: © Plainpicture/Bildhuset
Druck und Einband: GGP Media GmbH, Pößneck
Printed in Germany
ISBN 978-3-579-07058-2

www.gtvh.de